Schriften des

NIKOLAUS VON KUES

in deutscher Übersetzung

Im Auftrag der
Heidelberger Akademie der Wissenschaften
herausgegeben von

ERNST HOFFMANN † · PAUL WILPERT †
und KARL BORMANN

Heft 16
Lateinisch-deutsche Parallelausgabe

NICOLAI DE CUSA

Compendium

Ediderunt

BRUNO DECKER †

et

CAROLUS BORMANN

IN AEDIBUS FELICIS MEINER
HAMBURGI

NIKOLAUS VON KUES

Kompendium

Kurze Darstellung
der philosophisch-theologischen Lehren

Übersetzt und mit Einleitung und
Anmerkungen herausgegeben von

BRUNO DECKER †

und

KARL BORMANN

Lateinisch-deutsch

FELIX MEINER VERLAG
HAMBURG

PHILOSOPHISCHE BIBLIOTHEK BAND 267

1970 Erste Auflage
1982 Zweite, durchgesehene Auflage
1996 Dritte, in Text und Übersetzung unveränderte, in Einleitung, Anmerkungen, Literaturnachweis und Register verbesserte Auflage

Der lateinische Text ist der kritischen Edition der Heidelberger Ausgabe entnommen: Nicolai de Cusa opera omnia, vol. XI/3. Compendium, edidit Bruno Decker † cuius post mortem curavit Carolus Bormann, Hamburgi in aedibus Felicis Meiner MCMLXIV, p. 3–36.

Die Deutsche Bibliothek – CIP-Einheitsaufnahme

Nicolaus ⟨de Cusa⟩:
Schriften des Nikolaus von Kues in deutscher Übersetzung / im Auftr. der Heidelberger Akademie der Wissenschaften hrsg. von Ernst Hoffmann ...
– Lat.-dt. Parallelausg. –
Hamburg : Meiner.
(Philosophische Bibliothek ; ...)
NE: Hoffmann, Ernst [Hrsg.]; Nicolaus ⟨de Cusa⟩: [Sammlung]
Lat.-dt. Parallelausg.
H. 16. Nicolaus ⟨de Cusa⟩: Kompendium. – 3., in Text und Übers. unveränd., in Einl., Anm., Literaturnachweis und Register verb. Aufl. – 1996

Nicolaus ⟨de Cusa⟩:
Kompendium : kurze Darstellung der philosophisch-theologischen Lehren ; lateinisch-deutsch / Nikolaus von Kues. Übers. und mit Einl. und Anm. hrsg. von Bruno Decker und Karl Bormann. – 3., in Text und Übers. unveränd., in Einl., Anm., Literaturnachweis und Register verb. Aufl. –
Hamburg : Meiner 1996
(Schriften des Nikolaus von Kues in deutscher Übersetzung ; H. 16)
(Philosophische Bibliothek ; Bd. 267)
Einheitssacht.: Compendium
Parallelsacht.: Nicolai de Cusa Compendium
ISBN 3-7873-1190-4
NE: Decker, Bruno [Hrsg.]; 2. GT

 – Druck: W. Carstens, Schneverdingen. Werkdruckpapier: alterungsbeständig nach DIN-ISO 9706, hergestellt aus 100 % chlorfrei gebleichtem Zellstoff. Einbandgestaltung: Jens Peter Mardersteig. Einband: Lüderitz & Bauer, Berlin. Printed in Germany. ∞

INHALT

Einleitung des Herausgebers VII

NIKOLAUS VON KUES
Kompendium

Text und Übersetzung „Compendium" 2/3

Die Kapitel

1 Sein und Erkennen 3
2 Die Zeichenhaftigkeit der Erkenntnis 5
3 Sprache und Schrift als vermittelnde Erkenntniszeichen 9
4 Sinneserkenntnis, Vorstellungskraft, Gedächtnis 11
5 Erkenntniswert der Zeichen sinnenfälliger Gegenstände 15
6 Sinnenfällige und vernunfthafte Zeichen 21
7 Lautwort und geistiges Wort als Offenbarung des Geistes 25
8 Der vernunfthaft Erkennende als Kosmograph 31
9 Kunst als Nachahmung der Natur 35
10 Ursprungserkenntnis: Können, Gleiches, Eines, Ähnliches 39
11 Sinneserkenntnis als Ähnlichkeit der Vernunfterkenntnis 47
12 Die Gleichheit im Sinnenfälligen 49
13 Die Seele 51
Schluß 55
Epilog: Gott als Einheit und Ziel aller Erkenntnis 55

Anmerkungen 60

Verzeichnis der Siglen 84

Literaturnachweis 85
1. Schriften des Nikolaus von Kues 85
2. Vorcusanische Literatur 86
3. Zitierte Forschungsliteratur 89

Von Nikolaus zitierte Namen 92

Register der Bibelzitate 92

Register der zitierten Handschriften 92

Register der Verweise auf die Werke des Nikolaus 93

Register der im Quellenapparat zitierten Autoren 94

Verzeichnis wichtiger Begriffe (lateinisch-deutsch) 96

EINLEITUNG DES HERAUSGEBERS

Das Compendium des Nikolaus von Kues ist – abgesehen von den vier Druckausgaben (Straßburg 1488 II t 6^{r} – v 5^{v} = Nachdruck Berlin 1967 p. 443 – 454; Mailand 1502 f. 321^{r} – 329^{v}; Paris 1514 I f. 169^{r} — 174^{r}; Basel 1565 p. 239 – 249) – nur in zwei Handschriften vollständig überliefert: einmal im Codex 219 der Bibliothek des Hospitals zu Kues (f. 163^{r}–169^{v}), der zusammen mit Codex 218 derselben Bibliothek die von Nikolaus selbst veranlaßte Abschrift seiner Werke enthält; sodann im Codex 166 der Bibliothek des Domgymnasiums zu Magdeburg (f. 510^{r} – 515^{v}; 517^{r} – 521^{v}), der sich jetzt in der Deutschen Staatsbibliothek Berlin befindet. Das achte Kapitel des Compendiums ist zudem in Codex 960 f. 189^{v} der Turmbibliothek St. Andreas zu Eisleben zu finden. Bezüglich des Verhältnisses der Handschriften zueinander sei auf die kritische Ausgabe (Nicolai de Cusa opera omnia iussu et auctoritate Academiae litterarum Heidelbergensis ad codicum fidem edita vol. XI 3 p. XI ff.) verwiesen.

Wann Nikolaus von Kues das Compendium verfaßt hat, läßt sich nicht genau ermitteln. Einen Anhaltspunkt für den Terminus a quo bietet Kapitel 12 n. 37 „ut in libello De globo patet“. Die hier genannte Schrift De ludo globi wurde 1463 geschrieben. Hinzu kommt, daß Gott im Compendium vorzugsweise als „posse“ bezeichnet wird (vgl. Kap. 10 n. 29 ff. und Epilog n. 45 ff.). Dieser Gottesname erscheint in der im Frühsommer 1464 verfaßten Schrift De apice theoriae als letzte Formulierung des Nikolaus (vgl. Anm. 4 zu Kapitel 10). Das Compendium wurde also nach De ludo globi, wahrscheinlich zur gleichen Zeit wie De apice theoriae geschrieben.

Wer der Empfänger des Compendiums war, ist nicht mit Sicherheit festzustellen. I. A. Fabricius (Bibliotheca latina mediae et infimae aetatis, Florentiae 1858 vol. I p. 405) und ihm folgend J. Uebinger (Die philosophischen Schriften des Nikolaus Cusanus, Zeitschrift für Philosophie und philoso-

phische Kritik 107, 1896, S. 98) brachten den jungen Herzog Albert von Bayern als Adressaten in Vorschlag, der in De ludo globi II als Gesprächspartner des Kardinals auftritt. Fr. A. Scharpff (Der Cardinal und Bischof Nicolaus von Cusa als Reformator in Kirche, Reich und Philosophie des fünfzehnten Jahrhunderts, Tübingen 1871) unveränderter Nachdruck Minerva, Frankfurt 1966, S. 217) dagegen vermutete, der nicht namentlich genannte Empfänger sei der Sekretär des Kardinals, Peter Wimmer von Erkelenz, der wohl 1449 in dessen Dienste getreten war und erst 1464 die Priesterweihe empfing. G. von Bredow (Mitteilungen und Forschungsbeiträge der Cusanus-Gesellschaft 4, 1964, S. 383) glaubt, als Empfänger komme Wolfgang von Bayern, der jüngere Bruder des oben genannten Herzogs Albert von Bayern, in Frage. Indessen dürfte es kaum glaubhaft sein, daß Nikolaus den Sohn eines Reichsfürsten, welchen er politisch immer wieder nötig hatte, als einfachen Menschen oder einfaches Gemüt („cum sis simplex“, Kap. 9 n. 25; vgl. Thierry von Chartres, Lectiones I 17) bezeichnet. Am besten scheinen die Worte „cum sis simplex“ auf Peter Wimmer von Erkelenz zu passen; hiergegen vgl. aber E. Meuthen, Peter von Erkelenz, Zeitschrift des Aachener Geschichtsvereins 84/85 (1977/78) S. 736.

Das Werk ist übersichtlich gegliedert:

I. Die Theorie der Symbole (n. 1 – 28)
II. Das primum principium (n. 29 – 38)
(Was kann eine terministische Wissenschaft über Gott aussagen?)
III. Die psychologische Grundlage der Theorie (n. 39 – 43)
IV. Conclusio und Epilog (n. 44 – 47).

Die Erörterung der Symbole hat folgenden Aufbau: Bereits im ersten Kapitel wird die erkenntniskritische Grundlegung der Lehre von den Zeichen gegeben. Der „visus mentalis“ erkennt nur, daß es extramentale Dinge gibt; was sie sind, bleibt auch ihm verborgen. Die Erkenntnis (cognitio, scientia) hat es nur mit den Zeichen des Seins zu tun. Die Zeichen sind (nach Kap. 2) entweder natürliche (z. B. Farb- oder Lautvorstellungen) oder vom Menschen gesetzte (z. B. Sprach- oder Schriftzeichen). Von den letzteren ist in Kap. 3

die Rede. Die Kapitel 4 und 5 behandeln die natürlichen Zeichen in der Sinneswahrnehmung, während Kap. 6 sich den Vernunftzeichen im Bereich der Metaphysik, Ethik und Technik zuwendet. Die höchste Manifestation des Geistes ist das ungeschaffene Verbum, dessen Offenbarung der Kosmos ist (Kap. 7). Das erste Zeichen und Bild des Schöpfers ist der menschliche Geist, der als Kosmograph Gottes Schöpfertätigkeit nachahmt (Kap. 8). Im neunten Kapitel wird das Kunstschaffen als Nachahmung der Natur gewürdigt.

Das primum principium, welches Thema des zweiten Teiles ist, ist der dreieinige Gott, der als posse, aequale und unum Urgrund von allem ist. Das innertrinitarische aequale veranlaßt Nikolaus, die aequalitas als Objekt und Voraussetzung jeder Erkenntnis nachzuweisen (Kap. 10). Im 11. Kapitel wendet Nikolaus den similitudo-Begriff des vorhergehenden Kapitels besonders auf die „anima sensitiva" an, die er als similitudo intelligentiae auffaßt. Im 12. Kapitel greift er auf die aequalitas zurück, die er in Fläche, Linie und Zahl erblickt und als Grundbedingung nicht nur sinnlicher und geistiger Erkenntnis (vgl. Kap. 10), sondern auch sittlicher Vollkommenheit und körperlicher Gesundheit herausstellt.

Das 13. Kapitel wendet sich der psychologischen Grundlage der Theorie zu. Die anima sensitiva wird als eine gewisse geistige Kraft verstanden, welche die Arterienluft belebt und hierdurch die Wahrnehmung erst ermöglicht.

Im Epilog wird nochmals (vgl. Kap. 10) das posse Gegenstand der Untersuchung. Dieses „Können", das hier ausdrücklich dem Vater in der Trinität gleichgesetzt wird, ist der eine Gegenstand und das eine Ziel des geistigen und auch des sinnlichen Sehens. Die gesamte Seins- und Erkenntnisordnung ist ausgerichtet auf die Gottesschau.

Wenn man das Compendium mit den anderen Schriften des Nikolaus vergleicht, stellt man fest, daß es inhaltlich sehr eng mit dem zweiten großen Hauptwerk des Kardinals, nämlich De coniecturis, zusammenhängt. Darüber hinaus ist es keineswegs eine bloße Zusammenfassung dessen, was in früheren Schriften ausgeführt wurde. Für manche Darlegungen lassen sich in den anderen Werken des Nikolaus

keine genau entsprechenden Parallelen nachweisen. Daher ist das Compendium keineswegs nur retrospektiv, sondern es ist vornehmlich ein neuer Versuch, Sein und Erkennen zu deuten.

Der Text der kritischen Ausgabe der Heidelberger Akademie wurde unverändert übernommen; bezüglich des Variantenapparates sei auf diese Edition verwiesen. Vorwort, Übersetzung und Anmerkungen hatte Bruno Decker in verschiedenen von ihm als „vorläufig“ charakterisierten Fassungen ausgearbeitet. Meine Aufgabe bestand nach Deckers vorzeitigem Tod in der Überprüfung, Überarbeitung und Neufassung. Ich darf dem Verstorbenen für seine Arbeit an diesem Band der zweisprachigen Ausgabe größten Dank aussprechen. Gerne danke ich auch allen anderen, die zum Gelingen beigetragen haben, vornehmlich Frau Dr. Bohnenstädt und besonders Herrn Dr. Senger.

Karl Bormann

NIKOLAUS VON KUES

COMPENDIUM · KOMPENDIUM

Ed. Paris. I fol. 169r

COMPENDIUM 1

Capitulum I

Accipe breve Compendium continens circa quae consideratio tua versari debeat. Si proficere cupis, primo firma id verum, quod sana mens omnium hominum attestatur, puta singulare non est plurale nec unum multa; ideo unum in multis non potest esse singulariter seu uti in se est, sed modo multis communicabili. Deinde negari nequit, quin prius natura res sit quam sit cognoscibilis. Igitur essendi modum neque sensus neque imaginatio neque intellectus attingit, cum haec omnia praecedat. Sed omnia, quae attinguntur quocumque cognoscendi modo, illum priorem essendi modum tantum significant. Et hinc non sunt ipsa res, sed similitudines, species aut signa eius. Igitur de essendi modo non est scientia, licet modum talem esse certissime videatur.

Habemus igitur visum mentalem intuentem in id, quod 2
est prius omni cognitione. Quare qui id, quod sic videt, in cognitione reperire satagit, se frustra fatigat, sicut qui colorem solum visibilem etiam manu tangere niteretur. Habet se igitur visus mentis ad illum essendi modum quasi ut visus sensibilis ad lucem, quam certissime esse videt et non cognoscit. Praecedit enim omnia, quae visu tali cognosci possunt. Illa etiam, quae per ipsum cognoscuntur, signa sunt ipsius lucis. Colores enim, qui visu cognoscuntur, signa sunt et termini lucis in diaphano. Ponas igitur solem patrem esse sensibilis lucis, et in eius similitudine concipe deum patrem

1 KOMPENDIUM

Kapitel 1

Nimm einen kurzen Abriß entgegen, der das enthält, womit sich deine Betrachtung beschäftigen muß. Wenn du Fortschritte machen willst, so halte zunächst fest für wahr, was der gesunde Geist aller Menschen bezeugt[1], z. B.: Einzelnes ist nicht mehrmalig, und Eines ist nicht vieles. Daher kann Eines nicht in seiner Einzigartigkeit oder so, wie es in sich ist, in vielem sein[2], sondern nur auf eine Weise, die vielem mitteilbar ist. Sodann läßt sich nicht leugnen, daß ein Ding seiner Natur nach zuerst ist, bevor es erkennbar ist[3]. Daher erreichen die Weise des Seins[4] weder Sinn noch Vorstellungskraft noch Vernunft, liegt sie doch all dem voraus[5]. Alles vielmehr, was in irgendeiner Weise des Erkennens erfaßt wird, bezeichnet jene vorgegebene Weise des Seins nur. Was erfaßt wird, ist darum nicht das Ding selbst, sondern dessen Ähnlichkeiten, Bilder oder Zeichen[6]. Also gibt es von der Seinsweise kein Wissen[7], mag auch mit höchster Gewißheit geschaut werden, daß es eine solche Weise gibt.

2 Wir haben also eine geistige Schau, die den Blick auf das richtet, was vor aller Erkenntnis liegt. Wer darum das so Geschaute in der Erkenntnis finden will, müht sich vergeblich ab. Er gleicht einem, der die nur sehbare Farbe auch mit der Hand zu berühren versuchte. Es verhält sich also die Schau des Geistes zu jener Seinsweise ähnlich wie das sinnliche Sehen zum Licht[8]. Dessen Vorhandensein schaut es mit höchster Gewißheit, erkennt es aber nicht[9]. Denn das Licht geht allem voraus, was durch derartiges Sehen erkannt werden kann. Ferner ist das, was durch dieses erkannt wird, Zeichen des Lichtes selbst[10]. Die Farben nämlich, die durch das Sehen erkannt werden, sind Zeichen und Grenzen des Lichtes im Durchsichtigen[11]. Nimm also an, die Sonne sei der Vater des sinnenfälligen Lichtes, und dann denke dir nach Ähnlichkeit der Sonne Gott, den Vater der Dinge, als das

rerum lucem omni cognitione inaccessibilem, res autem omnes illius lucis splendores, ad quos se habet visus mentis sicut visus sensus ad lucem solis. Et ibi sistas considerationem circa essendi modum omni cognitioni suprapositum.

Capitulum II 3

Res igitur, ut cadit in notitia, in signis deprehenditur. Oportet igitur, ut varios cognoscendi modos in variis signis quaeras. Nam cum nullum signum adeo sufficienter modum essendi designet, sicut designari potest, si meliori modo, quo fieri potest, ad cognitionem perveniri debet, per varia signa hoc fieri necesse est, ut ex illis melius notitia haberi queat, sicut melius ex quinque sensibilibus signis sensibilis res cognoscitur quam ex uno aut duobus. Requirit autem perfectum esse alicuius rei, ut cognoscere possit, puta cum perfectum animal sine nutrimento vivere nequeat, necesse est, quod cibum suum cognoscat. Qui cum non reperiatur in omni loco, habebit animal necessario modum se movendi de loco ad locum et quaerendi. Ad quae sequitur, quod habeat sensus omnes, ut convenientem cibum visu, auditu, odoratu, gustu tactuque attingat.

Et quoniam animalia eiusdem speciei se mutuo fovent et 4
iuvant, ut melius vivant, oportet, ut speciem suam cognoscant et se mutuo, quantum perfectio speciei deposcit, audiant et intelligant. Gallus enim alia voce convocat gallinas, dum invenit pastum, et alia de milvo, quem ex umbra praesentem percipit, eas avisat, ut fugiant. Et quia nobiliori animali est maior cognitio necessaria, ut bene sit, hinc hominem inter cuncta maximam notitiam habere oportet. Nam sine artibus mechanicis et liberalibus atque moralibus

aller Erkenntnis unzugängliche Licht[12], alle Dinge aber als jenes Lichtes Abglanz, zu dem sich die Schau des Geistes verhält wie das sinnliche Sehen zum Lichte der Sonne[13]. Und vor jenem Lichte magst du mit deiner Betrachtung über die alle Erkenntnis überragende Weise des Seins haltmachen.

3 Kapitel 2

Sofern ein Ding zur Kenntnis kommt, wird es also in Zeichen ergriffen. Du mußt daher die verschiedenen Erkenntnisweisen in den verschiedenen Zeichen suchen. Denn kein Zeichen bezeichnet die Seinsweise in so erschöpfender Weise, wie es nur möglich ist. Soll man also auf möglichst vollkommene Weise[1] zur Erkenntnis gelangen, so muß dies durch verschiedene Zeichen geschehen, damit man aus ihnen eine bessere Kenntnis gewinne. So wird ein sinnenfälliges Ding durch fünf sinnenfällige Zeichen besser als durch eines oder zwei erkannt. Zum vollkommenen Sein irgendeines Dinges gehört aber, daß es zu erkennen vermag. Da z. B. das vollkommene Sinnenwesen ohne Nahrung nicht leben kann, ist es notwendig, daß es seine Speise erkennt. Weil diese nicht überall zu finden ist, besitzt das Sinnenwesen notwendigerweise die Fähigkeit, sich von Ort zu Ort zu bewegen und zu suchen[2]. Daraus folgt, daß es alle Sinne besitzt, um die entsprechende Nahrung durch Sehen, Hören, Riechen, Schmecken und Tasten zu erreichen.

4 Und da die Sinnenwesen derselben Art sich gegenseitig unterstützen und helfen, um besser zu leben, müssen sie auch ihre Art erkennen und sich gegenseitig hören und verstehen, soweit es die Vollendung ihrer Art fordert[3]. Wenn nämlich der Hahn die Hennen herbeiruft, weil er etwas zu fressen gefunden hat[4], schreit er anders, als wenn er sie vor dem Falken, dessen Gegenwart ihm der Schatten verrät, warnt, damit sie fliehen. Und da einem edleren Sinnenwesen eine höhere Erkenntnis zu seinem Wohlbefinden notwendig ist, muß der Mensch unter allen Sinnenwesen die größte Kenntnis besitzen. Denn ohne die handwerklichen und freien Künste[5], ohne sittliche Erkenntnisse und ohne die

scientiis virtutibusque theologicis bene et feliciter non subsistit. Cum igitur homini cognitio plus ceteris sit necessaria, hinc «omnes homines natura scire desiderant». Quibus traditio doctrinae convenit, ut indoctus a doctiori informetur. Quae cum non nisi per signa fieri possit, ad cognitionem signorum descendamus.

Signa omnia sensibilia sunt et aut naturaliter res designant
169v aut ex instituto. Naturaliter, uti signa, | per quae in sensu designatur obiectum. Ex instituto vero, uti vocabula et scripturae et omnia, quae aut auditu aut visu capiuntur et res, prout institutum est, designant. Naturalia signa naturaliter nota sunt sine omni alio doctore, sicut signum designans colorem omnibus videntibus notum est et designans vocem omnibus audientibus — ita de aliis sensibus — et vox laetitiae, ut risus, et tristitiae, uti gemitus cum fletu, et talia. Alia vero signa, quae ad designandum ad placitum sunt instituta, quibus institutio non est nota, non innotescunt nisi arte aut doctrina. Et quoniam necesse est signa omnia, per quae tradi debet notitia, nota esse magistro et discipulo, erit prima doctrina circa talium signorum notitiam. Quae ideo prima, quia sine ipsa nihil tradi potest et in eius perfectione omne, quod tradi potest, includitur.

göttlichen Tugenden[6] ist ihm ein gutes und glückliches Leben nicht möglich. Weil also dem Menschen die Erkenntnis notwendiger als den übrigen Sinnenwesen ist, deshalb verlangen alle Menschen von Natur aus nach Wissen[7]. Ihnen kommt die Weitergabe der Lehre zu, damit der nicht Belehrte vom besser Belehrten unterrichtet werde. Da diese Weitergabe nur durch Zeichen erfolgen kann, wollen wir uns auf die Erkenntnis der Zeichen einlassen.

5 Alle Zeichen sind sinnenfällig[8] und bezeichnen die Dinge entweder von Natur aus oder auf Grund menschlicher Setzung[9]. Von Natur aus: so die Zeichen, durch die ein Gegenstand im Sinnesvermögen bezeichnet wird. Auf Grund menschlicher Setzung aber: so die Wörter, die Schriftzeichen und alles, das entweder durch Hören oder durch Sehen wahrgenommen wird und die Dinge, so wie es gesetzt wurde, bezeichnet. Die natürlichen Zeichen sind von Natur aus bekannt ohne Inanspruchnahme irgendeines anderen Lehrers, wie z. B. das die Farbe bezeichnende Zeichen allen bekannt ist, die es sehen, und das den Laut bezeichnende allen, die es hören — das gleiche trifft bei den übrigen Sinnen zu —, und das Lachen als hörbarer Ausdruck der Freude und das Seufzen zusammen mit Weinen als Ausdruck der Trauer und anderes dergleichen[10]. Die anderen Zeichen aber, deren Bedeutung nach Belieben gesetzt wurde, werden denen, die diese Setzung nicht kennen, nur durch Kunst oder Belehrung bekannt. Und da alle Zeichen, durch die eine Kenntnis weitergegeben werden soll, dem Lehrer und dem Schüler bekannt sein müssen, muß sich die erste Belehrung um die Kenntnis dieser Zeichen bemühen. Sie erfolgt darum zuerst, weil ohne sie nichts weitergegeben werden kann und in ihrer Vollendung alles, was weitergegeben werden kann, eingeschlossen ist.

Capitulum III 6

Oportet autem ut primos nostros parentes, qui perfecte creati fuerunt, non solum a deo perfectionem naturae, sed et scientiae signorum talium habuisse, per quae sibi mutuo conceptus suos panderent et quam scientiam filiis et posteris tradere possent. Unde pueros, quam cito fari possunt, artis dicendi capaces videmus, quia prima et magis necessaria ad bene essendum scientia. Nec absurdum videtur, si creditur primam humanam dicendi artem adeo fuisse copiosam ex multis synonymis, quod linguae omnes postea divisae in ipsa continebantur. Omnes enim linguae humanae sunt ex prima illa parentis nostri Adae, scilicet hominis, lingua. Et sicut non est lingua, quam homo non intelligat, ita et Adam, qui idem quod homo, nullam, si audiret, ignoraret. Ipse enim vocabula legitur imposuisse. Ideo nullum cuiusque linguae vocabulum ab alio fuit originaliter institutum. Nec de Adam mirandum, cum certum sit dono dei multos linguarum omnium peritiam subito habuisse. Nulla etiam naturalior ars faciliorque est homini quam dicendi, cum illa nullus perfectus homo careat.

Neque haesitandum primos parentes etiam artem scri- 7
bendi vocabula seu designandi habuisse, cum illa humano generi multa conferat adiumenta. Per eam enim praeterita et absentia praesentia fiunt. Unde sicut prima scientia est designandi res in vocabulis, quae aure percipiuntur, ita est secunda scientia in vocabulorum visibilibus signis, quae oculis obiciuntur. Et haec remotior est a natura, quam tardius pueri assequuntur et non nisi intellectus in ipsis vigere

6 ## Kapitel 3[1]

Unsere Stammeltern wurden vollkommen erschaffen. Sie mußten daher von Gott nicht nur eine Vollkommenheit ihrer Natur, sondern auch des Wissens solcher Zeichen empfangen haben, durch die sie ihre Gedanken austauschen und dieses Wissen ihren Kindern und Nachkommen vermitteln konnten. Daher sehen wir, daß die Kinder, sobald sie sprechen können, für die Kunst des Sprechens empfänglich sind, weil sie die erste und für das Wohlbefinden notwendigste Kenntnis ist. Und es scheint keineswegs ungereimt zu sein, wenn man glaubt, die erste menschliche Sprechkunst sei infolge zahlreicher sinngleicher Worte dermaßen reichhaltig gewesen, daß in ihr alle später geschiedenen Sprachen enthalten waren. Denn alle menschlichen Sprachen leiten sich her von jener Ursprache unseres Stammvaters Adam, das heißt des Menschen[2]. Und wie es keine Sprache gibt, die der Mensch nicht verstünde, so würde auch Adam, der dasselbe wie Mensch ist, jede Sprache, die er hörte, verstehen[3]. Denn wir lesen, daß er selbst die Namen gegeben hat[4]. Daher wurde kein Wort irgendeiner Sprache von einem andern erstmalig gesetzt. Das darf uns bei Adam keineswegs wundernehmen; denn es steht fest, daß durch Gottes Geschenk viele Menschen die Kenntnis aller Sprachen in einem Augenblick erhalten haben[5]. Auch ist für den Menschen keine Kunst so naturgemäß und so leicht wie die Kunst des Sprechens, da sie keinem vollkommenen Menschen abgeht.

7 Ferner ist nicht daran zu zweifeln, daß unsere Stammeltern auch die Kunst, Wörter niederzuschreiben oder zu bezeichnen, besaßen, da sie dem Menschengeschlecht viele Vorteile bringt. Denn durch sie wird das Vergangene und das Abwesende gegenwärtig. Wie es daher eine erste Wissenschaft gibt, nämlich die, die Dinge mit Wörtern zu bezeichnen, die vom Ohr wahrgenommen werden, so gibt es eine zweite Wissenschaft, nämlich die, die Dinge mit sichtbaren Wortzeichen zu bezeichnen, die sich den Augen darbieten. Und diese ist weiter von der Natur entfernt; die Kinder erwerben sie später und nur dann, wenn die Ver-

incipiat. Plus igitur habet de intellectu quam prima. Inter naturam igitur et intellectum, qui est creator artium, hae artes cadunt, quarum prima propinquior naturae, secunda propinquior intellectui. Facit autem intellectus in homine in signo sensibili auditus, scilicet sono, artem primam, quia animal suas affectiones in illo signo naturaliter pandere nititur. Unde confusum signum ars dearticulat et variat, ut melius varia desideria communicet. Ita adiuvat naturam. Et quoniam signum illud, in quo haec ars ponitur, prolatione cessat a memoriaque labitur et ad remotos non attingit, remedia intellectus alia arte, scilicet scribendi, addidit et illam in signo sensibili ipsius visus collocavit.

Capitulum IV 8

Considerans autem signa sensibilia quomodo ab obiecto ad sensum perveniunt, reperiet res corporales splendescere actu aut habitu, actu ut lucida, potentia ut colorata. Neque aliqua res corporalis penitus est expers lucis aut coloris, qui ex luce est. Non tamen color, nisi luce iuvetur, splendorem per visum nostrum perceptibilem de se mittit. Splendor autem subito et a remotis valde per rectam lineam proicitur, ad cuius perceptionem sensus visus naturaliter est adaptatus. Sonus vero a remotis orbiculariter se diffundit, ad cuius sensationem sensus auditus creatus est. Vapor vero se minus remote diffundit et odoratu percipitur, tactu vero tangibilia propinquiora et gustu interior sapor. Haec mirabili provi-

nunft in ihnen zu erstarken beginnt. Sie hat also mehr von der Vernunft als die erste. Zwischen Natur und Vernunft, die Schöpfer der Künste ist, liegen also diese Künste. Die erste steht der Natur, die zweite der Vernunft näher. Die Vernunft aber bewirkt im Menschen im Bereich sinnenfälliger hörbarer Zeichen, nämlich der Laute, die erste Kunst, weil das Sinnenwesen seine Gefühle naturgemäß durch Zeichen dieser Art kundzugeben sich bemüht[6]. Daher formt die Kunst das undeutliche Lautzeichen auf verschiedenste Weise zu einem deutlichen um, damit sie die verschiedenen Anliegen besser mitteilen kann. So hilft sie der Natur[7]. Jenes Zeichen aber, mit dem es diese Kunst zu tun hat, vergeht in dem gleichen Augenblick, da es ausgesprochen wird, es entschwindet dem Gedächtnis und erreicht Entfernte nicht. Deshalb schuf die Vernunft Abhilfe durch eine andere Kunst, nämlich die des Schreibens, und ordnete sie dem Bereich der dem Gesichtssinn zugänglichen sinnenfälligen Zeichen zu[8].

8 Kapitel 4

Wer aber beobachtet, wie die sinnenfälligen Zeichen vom Gegenstand zum Sinnesvermögen gelangen, wird feststellen, daß die körperlichen Dinge in Wirklichkeit[1] oder der Anlage nach erglänzen; in Wirklichkeit, wie die leuchtenden Körper, dem Vermögen nach, wie die farbigen. Und es gibt kein körperliches Ding, das des Lichtes oder der Farbe, die vom Licht herrührt, gänzlich entbehrte[2]. Die Farbe gibt jedoch nur, wenn sie vom Licht unterstützt wird, einen Glanz von sich[3], der von unserem Gesichtssinn wahrgenommen werden kann. Der Glanz aber dehnt sich schnellstens und auf größte Entfernung hin geradlinig aus. Auf sein Erfassen ist der Gesichtssinn von Natur aus eingestellt. Der Ton[4] aber breitet sich kreisförmig auf große Entfernung aus. Zu seiner Wahrnehmung ist der Gehörssinn geschaffen. Das Riechbare hingegen verbreitet sich weniger weit und wird durch den Geruchssinn erfaßt, während durch den Tastsinn das näher liegende Tastbare und durch den Geschmackssinn das im Schmeckenden befindliche Schmeckbare erfaßt wird.

dentia naturae ad bene esse animalium sic ordinata sunt. Nam cum nulla res, uti in se est, sit multiplicabilis et ad *170r* bonum ipsius | esse expediat rerum notitiam haberi, ⟨oportet⟩ quod res, quae per se in notitiam alterius intrare nequeunt, per suas designationes intrent. Quare oportet inter sensibile obiectum et sensum esse medium, per quod obiectum speciem seu signum sui multiplicare possit. Et quoniam haec non nisi praesente obiecto fiunt, nisi haec signa sic possent annotari, quod etiam recedente obiecto remaneant signata, non maneret rerum notitia.

In istis igitur signorum designationibus in interiori phan- 9
tastica virtute manent res designatae, uti vocabula manent in charta scripta prolatione cessante; quae remanentia memoria potest appellari. Sunt igitur signa rerum in phantastica signa signorum in sensibus. Nihil enim est in phantastica, quod prius non fuit in sensu. Ideo caecus a nativitate non habet phantasma coloris et imaginari nequit colorem. Signa igitur sensibilia licet abstractiora sint quam materialia sensibilia, non tamen penitus separata. Ideo et visus aliquantulum coloratus est, sed imaginatio coloris penitus colore caret. Quare signa rerum in imaginatione seu phantastica remotiora sunt a materia et magis formalia, hinc quoad sensibilia minus perfecta et quoad intelligibilia perfectiora.

Non tamen sunt penitus abstracta; nam imaginatio coloris 10
licet nihil habeat qualitatis coloris, tamen non caret omni

Dies ist durch die bewunderungswürdige Vorsehung der Natur in folgender Weise auf das Wohlbefinden der Sinnenwesen hingeordnet. Da nämlich einerseits kein Ding so, wie es in sich ist, vervielfältigt werden kann[5], es aber anderseits dem Wohlbefinden eines Dinges zum Vorteil gereicht, wenn die Dinge erkannt werden, müssen die Dinge, die durch sich selbst nicht in die Erkenntnis eines anderen eingehen können, in diese durch ihre Bezeichnungen eingehen. Daher muß es zwischen dem sinnenfälligen Gegenstand und dem Sinnesvermögen ein Mittleres geben, durch das hindurch der Gegenstand ein Bild oder Zeichen von sich vervielfältigen kann[6]. Diese Vervielfältigung erfolgt nur, wenn der Gegenstand gegenwärtig ist. Wenn daher jene Zeichen nicht so vermerkt werden könnten, daß sie auch als bezeichnete zurückblieben, wenn der Gegenstand entweicht, so würde keine Kenntnis der Dinge zurückbleiben.

9 In diesen Bezeichnungen der Zeichen bleiben also die Dinge in der inneren Vorstellungskraft bezeichnet, ähnlich wie die Wörter auf dem Papier geschrieben zurückbleiben, wenn sie nicht mehr ausgesprochen werden. Dieses Zurückbleiben kann man Gedächtnis nennen[7]. Also sind die Zeichen der Dinge in der Vorstellungskraft Zeichen der Zeichen in den Sinnen. Denn in der Vorstellungskraft findet sich nichts, was nicht vorher in der Sinneswahrnehmung war[8]. Daher hat der Blindgeborene kein Vorstellungsbild von der Farbe und kann sich die Farbe nicht vorstellen[9]. Mögen also die sinnenfälligen Zeichen von der Materie losgelöster sein als das sinnenfällige Materielle, so sind sie dennoch nicht gänzlich frei von Materie. Deshalb ist auch der Gesichtssinn noch ein wenig farbhaltig[10], die Vorstellung der Farbe aber entbehrt der Farbe gänzlich. Daher sind die in der Vorstellungskraft oder Phantasie befindlichen Zeichen der Dinge entfernter von der Materie und sind mehr formhaft. Sie sind daher in der Hinsicht auf das Sinnenfällige weniger vollkommen und in der Hinsicht auf das geistig Erkennbare vollkommener.

10 Jedoch sind sie nicht gänzlich von der Materie losgelöst. Denn die Farbvorstellung hat zwar nichts von der Beschaffenheit der Farbe, entbehrt jedoch nicht jedes Merkmals, das

connotatione, quae sentitur. Nihil enim potest imaginari, quod neque moveatur neque quiescat et quod non sit quantum, scilicet aut magnum aut parvum, licet sit sine terminatione tali, quae in sensibilibus reperitur. Nihil enim adeo parvum esse potest, cuius medietatem imaginatio non attingat, aut adeo magnum, cuius duplum non imaginetur. In omnibus autem perfectis animalibus ad signa illa phantastica, quae sunt signa signorum sensuum, pervenitur, ut notitia non careat sibi opportuna. Solus vero homo signum quaerit ab omni materiali connotatione absolutum penitusque formale, simplicem formam rei, quae dat esse, repraesentans. Quod quidem signum, sicut est remotissimum quoad res sensibiles, est tamen propinquissimum quoad intellectuales.

Capitulum V 11

Oportet autem, ut advertas quomodo signum sensibile est prius confusum et genericum quam proprium et specificum. Sicut signum verbi est prius signum soni, dum vox a remotis auditur; deinde dum propinquius auditur, fit signum soni articulati, quod vox dicitur; post adhuc propinquius fit signum vocis alicuius linguae; ultimo fit signum specialis verbi; sic de omnibus. Et licet intervalla temporis saepe non sentiantur propter miram celeritatem, non tamen potest signum perfectum esse, nisi de confuso ad speciale perveniat. Unius igitur et eiusdem immultiplicabilis rei notae et signa sunt varia, per quae innotescit, scilicet generica atque specifica, inter quae media alia magis generica

sinnlich wahrgenommen wird. Denn man kann sich nichts vorstellen, was weder in Bewegung noch in Ruhe sich befände und was nicht quantitativ, nämlich entweder groß oder klein[11], wäre, mag auch das Vorstellungsbild ohne solche Begrenzung sein, wie sie im Sinnenfälligen angetroffen wird. Denn nichts kann so klein sein, daß sich die Vorstellungskraft von ihm nicht noch die Hälfte bilden könnte, oder so groß, daß sich von ihm nicht noch das Doppelte vorstellen ließe. In allen vollkommenen Sinnenwesen aber gelangt die Erkenntnis bis zu jenen Vorstellungszeichen, welche Zeichen der Zeichen der Sinne sind, damit das Sinnenwesen der ihm nützlichen Kenntnis nicht entbehre. Allein der Mensch aber sucht ein Zeichen, das jeglichen materiellen Merkmales bar ist und gänzlich formhaft ist, das die einfache Form eines Dinges, die das Sein verleiht, darstellt[12]. Dieses Zeichen ist zwar am weitesten von den sinnenfälligen Dingen entfernt, ist jedoch den geistig erkennbaren am nächsten.

11 Kapitel 5

Du mußt aber beachten, daß das sinnenfällige Zeichen erst unbestimmt und gattungsmäßig ist, dann eigentümlich und artmäßig[1]. So ist das Zeichen eines Wortes zunächst Zeichen eines Lautes, solange die Stimme aus der Ferne vernommen wird. Wird die Stimme mehr aus der Nähe vernommen, so wird das Lautzeichen zum Zeichen eines artikulierten Lautes, das man Wort nennt. Danach, aus noch größerer Nähe vernommen, wird es zum Zeichen des Wortes irgendeiner Sprache; schließlich wird es zum Zeichen eines bestimmten Wortes. So ist es bei allem[2]. Und mag man die zeitlichen Abstände oftmals infolge der erstaunlichen Schnelligkeit (der Sinnesempfindung) gar nicht wahrnehmen, so kann doch ein Zeichen nicht vollkommen sein, wenn es nicht aus einem undeutlichen zu einem bestimmten wird. Von ein und demselben Ding, das nicht vervielfältigt werden kann[3], gibt es demnach verschiedene Merkmale und Zeichen, durch die es bekannt wird, nämlich gattungs- und artmäßige und dazwischen, eine Mittelstellung einnehmend, andere Zei-

et alia magis specifica cadunt. Cum autem perfectio signorum recipiat magis aut minus, nullum signum umquam erit ita perfectum et speciale, quin possit esse perfectius. Singularitatis igitur, quae non recipit magis et minus, nullum est dabile signum. Et ideo tale non est per se cognoscibile, sed per accidens, puta Plato, qui non recipit magis et minus, non videtur nisi per accidens in signis visibilibus, quae ei accidunt.

Omne igitur, quod sensu aut imaginatione attingitur, cum 12 non nisi in signis, quae magis et minus recipiunt, cognoscatur, sine signis quantitatis non attingitur. Signa igitur qualitatis, quae ad sensum perveniunt, sine signis quantitatis esse nequeunt. Sed signa quantitatis non sunt per se in sensibilibus, sed per accidens, cum qualitas sine quantitate non possit esse. Signa vero quantitatis non requirunt signa qualitatis; ideo sine ipsis esse possunt. Quare res quanta signo quantitatis in notitiam devenit, et sic per se incognoscibile per accidens innotescit. Magnitudine igitur et multitudine sublata nulla res cognoscitur.

Hoc etiam repetere utile videtur, scilicet quod nec huius 13 singularis quantitatis signum seu species naturalis potest 170v esse singularis, cum nul|lum singulare sit plurificabile aut multiplicabile, sive sit substantia aut quantitas aut qualitas. Licet igitur quantitatis sit species et signum, non tamen ut huius quantitatis. Singulariter igitur quanta signo generalis quantitatis notantur et cognoscuntur. Ita singulariter rubea signo universalis rubedinis. Unde cum nulla res sit eiusdem quantitatis aut qualitatis cum alia et cuiuslibet rei singularis sit quantitas singularis, non est quantitas aliquid generale in re, sed in cognitione seu specie et signo. Parvum igitur et

chen, die mehr gattungsmäßig sind, und wieder andere, die mehr artmäßig sind. Da aber die Vollkommenheit der Zeichen ein Mehr oder Weniger zuläßt, wird kein Zeichen jemals so vollkommen und bestimmt sein, daß es nicht noch vollkommener sein könnte. Also kann es vom Einzelsein, das kein Mehr und Weniger zuläßt, kein Zeichen geben[4]. Daher ist derartiges auch nicht durch sich, sondern nur durch ein Zufallendes erkennbar. So z. B. wird Plato, der kein Mehr und Weniger zuläßt, nur durch ein Zufallendes in den sichtbaren Zeichen geschaut, die ihm zufallen[5].

12 Da alles, was durch die Sinneswahrnehmung oder die Vorstellung erfaßt wird, nur in Zeichen, die ein Mehr und Weniger zulassen, erkannt wird, wird es also ohne die Zeichen der Quantität nicht erfaßt. Daher können die Zeichen der Qualität, die zu den Sinnen gelangen, nicht ohne die Zeichen der Quantität sein. Aber die Zeichen der Quantität sind nicht durch sich selbst, sondern nur durch ein Zufallendes im Sinnenfälligen, da Qualität ohne Quantität nicht sein kann. Die Zeichen der Quantität aber erfordern keine Zeichen der Qualität; deshalb können sie ohne diese sein[6]. Daher gelangt das quantitative Ding durch das Zeichen der Quantität zur Kenntnis, und so wird das durch sich selbst Unerkennbare durch ein Zufallendes bekannt. Wird also Größe und Vielheit beseitigt, dann wird kein Ding erkannt.

13 Auch scheint es von Nutzen zu sein, Folgendes zu wiederholen, daß es nämlich von dieser einzelnen Quantität kein Einzelzeichen oder natürliches Einzelbild geben kann, da nichts Einzelnes vermehrfacht oder vervielfältigt werden kann[7], mag es Substanz oder Quantität oder Qualität sein. Obwohl es daher von der Quantität ein Erkenntnisbild und Zeichen gibt, so doch nicht von dieser bestimmten Quantität. Das einzelne Quantitative wird also durch das Zeichen der allgemeinen Quantität gekennzeichnet und erkannt. Ebenso das einzelne Rote durch das Zeichen der universalen Röte. Da also kein Ding von derselben Quantität oder Qualität wie ein anderes ist und jedem Einzelding eine einzelne Quantität zukommt, ist die Quantität nicht etwas Allgemeines im Ding, sondern in der Erkenntnis oder im Erkenntnisbild und im Zeichen. Daher haben Klein und Groß Erkennt-

magnum species habent, licet non hoc parvum et hoc magnum, quae sunt singulares quantitates; sed per speciem seu signum magni hoc magnum et parvi hoc parvum cognoscitur.

Signa igitur naturalia species sunt singularium signatorum. 14
Nam species istae non sunt formae formantes, sed formae informantes. Informati vero uti tales recipiunt magis et minus. Unus enim plus est informatus quam alius, et idem nunc minus, postea plus. Tales igitur formae possunt esse in pluribus, cum non requiratur quod eodem essendi modo ipsis insint, qui modus non est multiplicabilis, sed variis varie, uti una ars scribendi varie variis inest scriptoribus. Patet etiam ex his quod numerus determinatus, puta ternarius, denarius et tales, cum non recipiant magis et minus ob suam singularem determinationem, non habent nisi indeterminatas species, sicut specie multitudinis indeterminatae, quae numeratio dici potest, determinata multitudo cognoscitur; et speciebus magnitudinis et multitudinis cognoscitur magnus determinatus numerus; et sic parvus numerus speciebus multitudinis et parvitatis; et similes colores speciebus similitudinis et coloris, et dissimiles speciebus dissimilitudinis et coloris, et concordantes voces speciebus concordantiae et vocis, et discordantes speciebus discordantiae et vocis; et taliter de omnibus.

Cum autem sic ex signis et speciebus notionalibus for- 15
metur in nobis notitia rei, non potest res, quae sic innotescit, distincte cognosci ab alia, nisi distinctis notis et speciebus formetur notitia. Unde ut quaelibet res est singularis, ita et eius notitia aliquid habet, quod in alterius notitia non repe-

nisbilder, nicht aber dieses Kleine und dieses Große, welche einzelne Quantitäten sind; wohl aber wird durch das Erkenntnisbild oder Zeichen des Großen dieses Große und durch das des Kleinen dieses Kleine erkannt.

14 Die natürlichen Zeichen sind also die Erkenntnisbilder der bezeichneten Einzeldinge. Denn diese Erkenntnisbilder sind keine formenden, sondern einformende Formen[8]. Die die Einformung empfangen haben, lassen aber als solche ein Mehr und Weniger zu. Denn der eine hat mehr Einformung empfangen als der andere, und ein und derselbe jetzt weniger, später mehr. Solche Formen können also in mehreren sein, da nicht erforderlich ist, daß sie in ihnen in derselben Seinsweise sind, welche nicht vervielfältigt werden kann. Vielmehr sind sie in Verschiedenem auf verschiedene Weise, wie die eine Schreibkunst auf verschiedene Weise in den verschiedenen Schreibern ist. Hieraus geht auch hervor, daß eine bestimmte Zahl, z. B. die Drei, die Zehn und dergleichen, wegen ihrer einzigartigen Bestimmtheit kein Mehr und Weniger zuläßt und deshalb nur unbestimmte Erkenntnisbilder hat. So wird z. B. durch das Erkenntnisbild einer unbestimmten Vielheit, das man Zählen nennen kann, eine bestimmte Vielheit erkannt, und durch die Erkenntnisbilder der Größe und Vielheit wird eine große bestimmte Zahl erkannt; und ebenso eine kleine Zahl durch die Erkenntnisbilder der Vielheit und der Kleinheit, und ähnliche Farben durch die Erkenntnisbilder der Ähnlichkeit und der Farbe, und unähnliche durch die Erkenntnisbilder der Unähnlichkeit und der Farbe, und harmonierende Stimmen durch die Erkenntnisbilder der Harmonie und der Stimme, und disharmonierende Stimmen durch die Erkenntnisbilder der Disharmonie und der Stimme; und so hinsichtlich allem.

15 Da aber so aus Zeichen und Erkenntnisbildern in uns die Kenntnis eines Dinges geformt wird[9], kann ein Ding, das so bekannt wird, in seiner Unterschiedenheit von einem andern nur dann erkannt werden, wenn die Kenntnis durch unterschiedliche Kennzeichen und Erkenntnisbilder geformt wird. Wie daher jedes Ding ein einzelnes ist, so hat auch die Kenntnis, die man von ihm gewinnt, etwas, das in der Kenntnis, die man von einem anderen hat, nicht angetroffen

ritur. Quemadmodum si unum vocabulum est sex litterarum et aliud etiam sex litterarum, oportet quod, licet in numero concordent, non tamen in figura et situ, ut sint diversa, sicut res sunt diversae, quarum sunt vocabula. Ac diversitas specierum notionalium nos ducit in notitiam diversitatis rerum. Et licet duo individua videantur in pluribus speciebus convenire, non tamen est possibile, quin in aliquibus etiam discrepent.

Capitulum VI 16

Consequenter attendas oportet quomodo non est opus talpam habere visum, quia cognitione signorum visibilium non indiget, cum in umbra terrae reperiat quod quaerit. Ita de omnibus similiter dicendum, scilicet quod omnia viventia tot species ex sensibilibus hauriunt, quot sunt eis ad bene esse necessariae. Quare non omnia perfecta animalia, licet in numero sensuum conveniant, etiam in numero specierum et signorum conveniunt. Alias haurit formica species, alias leo, alias aranea, alias vacca, sicut diversae arbores ex eadem terra diversa hauriunt alimenta, quaelibet suae naturae conveniens. Et vis phantastica unius animalis ex speciebus per sensus receptis aliam facit imaginationem quam aliud et aliam aestimationem amicitiae aut inimicitiae, convenientis aut disconvenientis quam aliud. Hinc homo haurit ex sensibilibus signis species suae naturae convenientes, qui cum sit rationalis naturae, species illi suae naturae convenientes haurit, ut per illas bene possit ratiocinari et reperire conveniens alimentum tam corporale corpori quam spirituale

wird. Wenn z. B. ein Wort aus sechs Buchstaben besteht und ein anderes ebenfalls aus sechs, dann dürfen sie, wenn sie auch in der Zahl der Buchstaben übereinstimmen, aber nicht in der Form und Stellung derselben übereinstimmen, damit sie verschieden sind, wie die Dinge verschieden sind, die durch diese Wörter bezeichnet werden. Und die Verschiedenheit der Erkenntnisbilder führt uns zur Kenntnis der Verschiedenheit der Dinge. Und mögen auch zwei Individuen in einer Mehrheit von Erkenntnisbildern übereinzukommen scheinen, so ist es dennoch nicht möglich, daß sie nicht in irgendwelchen anderen auch unterschieden sind[10].

16 Kapitel 6

Folgerichtig mußt du beachten, daß der Maulwurf kein Sehvermögen zu haben braucht[1], weil er der Erkenntnis sichtbarer Zeichen nicht bedarf, da er im Dunkel der Erde das findet, was er sucht. Das gilt von allem in ähnlicher Weise, nämlich daß alle Lebewesen so viele Erkenntnisbilder aus dem Sinnenfälligen schöpfen, wie ihnen für ihr Wohlbefinden notwendig sind. Daher stimmen nicht alle vollkommenen Sinnenwesen auch in der Zahl der Erkenntnisbilder und Zeichen überein, wenn sie auch in der Zahl der Sinne übereinstimmen. Je andere Erkenntnisbilder schöpft die Ameise, der Löwe, die Spinne, die Kuh, so wie verschiedene Bäume aus dem gleichen Erdboden verschiedene Nährstoffe schöpfen, jeder den seiner Natur entsprechenden. Und die Vorstellungskraft des einen Sinnenwesens macht aus den durch die Sinne empfangenen Erkenntnisbildern eine andere Vorstellung als ein anderes Sinnenwesen, und die Vorstellungskraft des einen Sinnenwesens beurteilt Freundschaft oder Feindschaft, Zuträgliches oder Abträgliches anders als die eines andern[2]. Daher schöpft der Mensch aus den sinnenfälligen Zeichen solche Erkenntnisbilder, die seiner Natur entsprechen. Da er vernunfthafter Natur ist, schöpft er Erkenntnisbilder, die dieser seiner Natur entsprechen, um mit ihrer Hilfe richtig schlußfolgern und die entsprechende leibliche und geistige Nahrung für

spiritui seu intellectui, sicut sunt differentes species decem praedicamentorum, quinque universalium, quattuor virtutum cardinalium et talium multorum, quae homini ratione vigenti conveniunt.

171r Plures etiam | species per visum homo haurit quam bru- 17
tum animal, puta principaliter, quia sensus visus colorum species, per quas coloratorum ut coloratorum differentias attingit; et consequenter, quia sensus magnitudinis, longitudinis et latitudinis, figurationis, motus, quietis, numeri, temporis et loci species, tot species solus homo ratione utens per visum haurit. Ita per auditum species differentium sonorum, gravium, acutorum, mediorum, cantuum, notarum et talium sonorum, atque novem alias species communis sensus praemissas; ita de aliis sensibus. Trahitque ultra ex omnibus istis sensibilibus speciebus vis ratiocinativa species variarum artium, per quas supplet defectus sensuum, membrorum, infirmitatum atque se iuvat ad resistendum corporalibus nocumentis et ad expellendum ignorantiam et hebetudinem mentis et confortandum ipsam, ut proficiat et fiat homo speculator divinorum. Habetque cognatas species insensibilis virtutis, iusti et aequi, ut noscat, quid iustum, quid rectum, quid laudabile, quid pulchrum, quid delectabile et bonum et illorum contraria, et eligat bona et fiat bonus, virtuosus, prudens, castus, fortis et iustus.

Quae omnia consideranti ea, quae in mechanicis et libe- 18
ralibus artibus atque moralibus scientiis per hominem reperta sunt, patescunt. Nam solus homo repperit, qualiter

Körper und Geist oder Vernunft finden zu können. Dazu gehören die verschiedenen Erkenntnisbilder der zehn Kategorien[3], der fünf Universalien[4], der vier Kardinaltugenden[5] und dergleichen vieles, was dem Menschen, der im vollen Besitz seines Verstandes ist, zukommt.

17 Auch schöpft der Mensch durch den Gesichtssinn mehr Erkenntnisbilder als das unvernünftige Sinnenwesen, hauptsächlich zum Beispiel deshalb, weil der Gesichtssinn die Erkenntnisbilder der Farben schöpft, durch die er die Unterschiede des Farbigen als Farbigen erfaßt; und im Zusammenhang damit, weil der Sinn die Erkenntnisbilder von Größe, Länge und Breite, Gestalt, Bewegung, Ruhe, Zahl, Zeit und Ort schöpft[6]. So viele Erkenntnisbilder schöpft deshalb durch den Gesichtssinn nur der sich seines Verstandes bedienende Mensch[7]. So schöpft er durch das Gehör die Erkenntnisbilder der verschiedenen Töne, der tiefen, der hohen, der mittleren, sowie der Lieder, Einzeltöne und dergleichen Klänge, und dazu noch die neun anderen soeben erwähnten Erkenntnisbilder des Gemeinsinnes[8]. Das gleiche gilt von den übrigen Sinnen. Darüber hinaus zieht die Verstandeskraft aus allen diesen sinnenfälligen Erkenntnisbildern die Erkenntnisbilder der verschiedenen Künste hervor[9]. Durch sie schafft der Mensch einen Ausgleich für die Mängel in seiner Sinneswahrnehmung und an seinen Gliedmaßen und für Krankheiten. Und mit ihrer Hilfe wird er fähig, den schädlichen körperlichen Einwirkungen Widerstand zu leisten, die Unwissenheit und die Trägheit des Geistes zu beseitigen[10] und ihn zu fördern, daß er Fortschritte mache und der Mensch ein Betrachter des Göttlichen werde[11]. Ferner besitzt er die verwandten Erkenntnisbilder der nicht sinnenfälligen Tugend, von gerecht und billig, damit er erkenne, was gerecht, was richtig, was lobenswert, was schön, was erfreulich und gut und das entsprechende Gegenteil sei, und damit er das Gute wähle und selbst gut, tugendhaft, klug, keusch, tapfer und gerecht werde[12].

18 Das alles wird klar, wenn man betrachtet, was auf dem Gebiet der handwerklichen und der freien Künste[13] und im Bereich der sittlichen Erkenntnis durch den Menschen entdeckt worden ist. Denn nur der Mensch hat entdeckt, wie

defectum lucis ardenti candela suppleat, ut videat, et deficientem visum beryllis iuvet et arte perspectiva errorem circa visum corrigat, cruditatem cibi decoctione gustui aptet, foetores fumis odoriferis pellat, frigori vestibus et igne atque domo, tarditati vecturis et navibus, defensioni armis, memoriae scriptura arteque memorandi succurrat. Quae omnia et plura talia animal brutum ignorat. Habet se enim homo ut homo ad brutum ut doctus homo ad indoctum. Doctus enim litteras alphabeti videt et similiter indoctus; sed doctus ex varia illarum combinatione syllabas atque ex syllabis dictiones et de illis orationes componit, quod indoctus facere nequit ob defectum artis, quae ab exercitato intellectu acquisita docto inest. Componere igitur et dividere species naturales et ex illis facere intellectuales et artificiales species et signa notionalia homo ex vi intellectuali habet, qua bruta excellit et doctus homo indoctum, quia habet exercitatum et reformatum intellectum.

Capitulum VII 19

Non mirum hominem aliquem adeo profecisse aut proficere posse longo tali exercitio, quod speciem aliquam eliciat ex varia combinatione, quae sit multarum artium complexiva, per quam multa simul comprehendat et intelligat, puta varietatem naturalium per speciem, quam motum appellet, quando sine motu nihil fieri atque naturalem motum a violento distingui videret, ideo motum naturae non esse a

man den Mangel an Licht mit Hilfe einer brennenden Kerze behebt, damit man sehen kann; wie man dem schwachwerdenden Gesichtssinn mit Brillen hilft[14] und wie man durch die Kunst der Perspektive eine optische Täuschung berichtigt, wie man unbekömmliche Speisen durch Kochen genießbar macht, üblen Geruch durch wohlriechende Düfte beseitigt, der Kälte durch Kleidung, Heizung und Wohnung steuert, der Langsamkeit der Fortbewegung durch Wagen und Schiffe abhilft, die Verteidigung durch Waffenrüstung, das Gedächtnis durch die Schrift und die Gedächtniskunst unterstützt[15]. Dies alles und vieles dieser Art kennt das vernunftlose Sinnenwesen nicht. Denn der Mensch als Mensch verhält sich zum Tier, wie ein belehrter Mensch zu einem unbelehrten. Der belehrte nämlich sieht die Buchstaben des Alphabets und ebenso der unbelehrte. Jedoch bildet der belehrte durch verschiedenartige Zusammenstellung der Buchstaben Silben und aus Silben Wörter und aus diesen Sätze[16]. Das kann der unbelehrte nicht, weil ihm die Kunst fehlt, die sich der belehrte durch Schulung seiner Vernunft erworben hat. Der Mensch vermag also durch die Kraft seiner Vernunft, die natürlichen Erkenntnisbilder zusammenzusetzen und zu trennen[17] und aus ihnen Erkenntnisbilder und Erkenntniszeichen der Vernunft und der Kunst zu schaffen[18]. Hierdurch überragt der Mensch die Tiere und der belehrte Mensch den unbelehrten, weil er über eine geschulte und gebildete Vernunft verfügt[19].

19

Kapitel 7

Es ist kein Wunder, daß ein Mensch durch lange derartige Schulung es soweit brachte oder bringen kann, daß er aus einer mannigfachen Kombination ein Erkenntnisbild herausholt, das viele Künste umfaßt und durch das er vieles zugleich begreift und versteht. So z. B. kann er den mannigfachen Wechsel der Naturdinge durch das Erkenntnisbild begreifen, das er Bewegung nennt, wenn er sieht, daß ohne Bewegung nichts geschieht[1] und daß die natürliche Bewegung von der gewaltsamen verschieden ist und daß darum

principio extrinseco, sicut in violento, sed intrinseco rei; ita de aliis. Alius vero adhuc praecisiorem speciem magisque fecundam reperire posset, uti ille, qui ex novem speciebus principiorum speciem unam artis generalis omnium scibilium nisus est extrahere. Sed super omnes qui unica specie, quam verbum appellavit, omne intelligibile complexus est, praecisissime punctum tetigit; est enim species artis omnia formantis. Quid enim extra hanc speciem concipi, eloqui aut scribi potest? Est enim verbum, «sine» quo «nihil factum est» aut fieri potest; quoniam est expressio exprimentis et expressi. Sicut loquentis locutio et quod loquitur verbum est, et concipientis conceptio et quod concipit verbum est, et scribentis scriptio et quod scribit verbum est, et creantis creatio et quod creat verbum est, et formantis formatio et quod format verbum est, et generaliter facientis factio et factum verbum est. Verbum enim sensibile se et omnia sensibilia facit. Ideo et lux dicitur, quae se et omnia visibilia facit. Dicitur et aequalitas; aeque enim se ad omnia habet, cum non sit unum plus quam aliud, dans omnibus aequaliter, ut id sint, quod sunt, nec plus nec minus. Cum igitur scientis scientia et scitum verbum sit, qui ad verbum se convertit, quae scire cupit, citius invenit. Si igitur vis spe-
171v ciem haurire modi quomodo omnia | fiunt, respice, quomodo fit vocale verbum. Primo quomodo sine aere nequaquam fieri potest audibile. Aer autem ut aer nullo sensu attingitur. Visus enim non videt aerem, sed aerem coloratum, uti experimur radio solis coloratum vitrum penetrante aerem colo-

die Bewegung der Natur nicht, wie bei der gewaltsamen, von einem außenstehenden[2], sondern von einem dem Ding immanenten Prinzip herkommt[3], und so bei anderem. Ein anderer aber könnte ein noch genaueres und fruchtbareres Erkenntnisbild entdecken, wie jener, der sich bemühte, aus neun Erkenntnisbildern der Prinzipien das eine Erkenntnisbild einer allgemeinen Kunst, die sich auf alles Wißbare erstreckt, zu gewinnen[4]. Über alle aber erhebt sich jener, der durch ein einziges Erkenntnisbild, das er das Wort nannte, alles geistig Erkennbare umfaßte[5]. Er hat den Punkt auf das genaueste getroffen. Denn es handelt sich hier um das Erkenntnisbild der Kunst, die alles formt[6]. Was kann nämlich außerhalb dieses Erkenntnisbildes begriffen, ausgesprochen oder geschrieben werden? Es ist nämlich das Wort, ohne das nichts geworden ist[7] noch werden kann, da es die Ausprägung des Ausprägenden und des Ausgeprägten ist. So ist das Sprechen des Sprechenden und was er spricht Wort; und das Begreifen des Begreifenden und was er begreift, ist Wort; und das Schreiben des Schreibenden und was er schreibt, ist Wort; und das Erschaffen des Erschaffenden und was er erschafft, ist Wort; und das Formen des Formenden und was er formt, ist Wort; und ganz allgemein, das Bewirken des Bewirkenden und das Bewirkte ist Wort. Denn das Wort macht sich sinnenfällig und ebenso alles andere. Deshalb wird es auch Licht genannt, das sich und alles andere sichtbar macht. Auch nennt man es Gleichheit; denn es verhält sich in gleicher Weise zu allem, da es nicht das eine mehr als das andere ist, vielmehr allen Dingen in gleicher Weise verleiht, das zu sein, was sie sind, weder mehr noch weniger[8]. Da also das Wissen des Wissenden und das Gewußte Wort sind, findet, wer sich dem Wort zuwendet, schneller, was er zu wissen wünscht. Willst du also ein Erkenntnisbild der Weise schöpfen, wie alles entsteht, so beachte, wie das stimmliche Wort entsteht. Zunächst, daß es ohne Luft überhaupt nicht hörbar werden kann. Die Luft aber als Luft wird von keinem Sinn erfaßt. Denn der Gesichtssinn sieht nicht die Luft, sondern die farbige Luft. So bestätigt uns die Erfahrung, daß, wenn ein Sonnenstrahl ein farbiges Glas durchdringt, die Luft farbig gesehen wird[9].

ratum videri. Nec auditus aerem attingit nisi sonantem. Nec odoratus nisi olentem. Nec gustus nisi sapidum, ut dum est ex contritione absinthii fortiter amaricatus, in gustu sentitur. Nec tactus nisi calidum aut frigidum aut alias sensum immutantem. Aer igitur ut aer nullo sensu attingitur, sed per accidens venit in notitiam sensitivam. Adeo tamen est necessarius auditui, quod sine ipso nihil audibile fieri potest. Oportet igitur, ut similiter consideres omne, quod actu esse debet, sive sensibile sive intelligibile, praesupponere aliquid, sine quo non est; quod per se nec est sensibile nec intelligibile. Et quia illud forma sensibili aut intelligibili caret, nosci nequit, nisi formetur, et non habet nomen. Dicitur tamen hyle, materia, chaos, possibilitas sive posse fieri seu subiectum et aliis nominibus.

Deinde attendendum quod, licet sine aere non fiat sensibilis sonus, non tamen est aer de natura soni, sic nec hyle de natura est cuiuscumque formae, nec est principium eius, sed principium eius formator exsistit. Quamvis igitur sonus sine aere fieri nequeat, non est propterea de natura aeris. Pisces enim et homines extra aerem in aqua sonum percipiunt; quod non esset, si de natura aeris foret. Post advertendum hominem vocalis verbi formatorem, quomodo non format verbum ut animal brutum, sed ut habens mentem, qua bruta carent. Mens igitur formator verbi cum non formet verbum, nisi ut se manifestet, tunc verbum non est nisi mentis ostensio. Nec varietas verborum aliud est quam unius mentis varia ostensio. Conceptio autem, qua mens se ipsam concipit, est verbum a mente genitum, scilicet sui ipsius co-

Und der Gehörssinn erfaßt die Luft nur, wenn sie tönt. Der Geruchssinn erfaßt nur die Luft, die Geruch verbreitet, und der Geschmackssinn nur die schmeckbare Luft; so z. B. nimmt der Geschmackssinn die Luft wahr, wenn sie durch Zerreibung von Wermut stark bitter wurde. Der Tastsinn erfaßt die Luft nur, wenn sie warm oder kalt ist oder sonstwie auf den Sinn verändernd einwirkt. Die Luft als Luft wird also von keinem Sinn erfaßt, sondern gelangt nur auf Grund von etwas Zufallendem in die Kenntnis der Sinne[10]. Dennoch ist sie für das Hören so notwendig, daß ohne sie nichts hörbar werden kann. In ähnlicher Weise mußt du nun erwägen, daß alles, was wirklich sein soll, sei es sinnenfällig oder geistig erkennbar, etwas voraussetzt, ohne das es nicht ist; das ist aber durch sich weder sinnenfällig noch geistig erkennbar. Und weil dieses der sinnenfälligen oder der geistig erkennbaren Form entbehrt, kann es nur erkannt werden, wenn es geformt wird. Es hat keinen Namen. Dennoch wird es Hyle[11], Materie, Chaos[12], Möglichkeit oder Werdenkönnen[13] oder Zugrundeliegendes und noch anders genannt.

Sodann ist zu beachten: Mag auch ohne Luft kein sinnenfälliger Ton entstehen, so gehört doch die Luft nicht zur Natur des Tones, wie auch die Hyle nicht zur Natur irgendeiner Form gehört, und nicht sie ist deren Prinzip, sondern ihr Prinzip ist der Formgeber. Obwohl also ein Ton ohne Luft nicht entstehen kann, gehört er deswegen nicht zur Natur der Luft. Fische nämlich und Menschen nehmen außerhalb der Luft im Wasser den Ton wahr[14]. Das würde aber nicht der Fall sein, wenn der Ton zur Natur der Luft gehörte[15]. Sodann ist zu beachten[16], daß der Mensch, der das stimmliche Wort formt, dieses nicht wie das vernunftlose Sinnenwesen formt, sondern als ein Wesen, das Geist besitzt, der den Tieren fehlt. Da also der Geist, der das Wort formt, dieses nur formt, um sich kundzutun, ist das Wort nichts anderes als die Offenbarung des Geistes. Und die Mannigfaltigkeit der Worte ist nichts anderes als die mannigfache Offenbarung des einen Geistes. Das Begreifen aber, durch das der Geist sich selbst begreift, ist das vom Geist gezeugte Wort, nämlich die Erkenntnis seiner selbst. Das

gnitio. Verbum autem vocale est illius verbi ostensio. Omne autem, quod dici potest, non est nisi verbum.

Ita de formatore omnium conceptum facito ut de mente. 21
Quodque ipse in verbo de se genito se cognoscit atque in creatura, quae est increati verbi signum, se ostendit in variis signis varie, et nihil esse potest, quod non sit signum ostensionis geniti verbi. Et sicut mens nolens se amplius ostendere a verbi vocalis prolatione cessat et, nisi indesinenter proferat, exsistere nequit, sic se habet creatura ad creatorem. Cuncta autem alia, sine quibus vocale verbum bene fieri nequit, quae Musae dicuntur, ad finem vocalis verbi ordinata mentis manifestationi serviunt. Pariformiter sunt creaturae, quae sunt notae et ostensiones interni verbi, et sunt creaturae illis ad finem servientes.

Capitulum VIII 22

Est igitur animal perfectum, in quo sensus et intellectus, considerandum ut homo cosmographus habens civitatem quinque portarum quinque sensuum, per quas intrant nuntii ex toto mundo denuntiantes omnem mundi dispositionem hoc ordine, quod qui de luce et colore eius nova portant, per portam visus intrent; qui de sono et voce, per portam auditus; qui de odoribus, per portam odoratus; et qui de saporibus, per portam gustus; et qui de calore, frigore et aliis tangibilibus, per portam tactus. Sedeatque cosmographus et cuncta relata notet, ut totius sensibilis mundi descriptionem in sua civitate habeat designatam. Verum si porta aliqua

stimmliche Wort aber ist die Offenbarung jenes geistigen Wortes. Alles aber, was gesprochen werden kann, ist nichts als Wort.

21 So bilde dir einen Begriff vom Former aller Dinge, entsprechend dem, wie du ihn vom Geist bildest[17]. Und denke dir, daß er sich in dem von ihm gezeugten Wort erkennt und sich in der Schöpfung, die Zeichen des unerschaffenen Wortes ist, durch mannigfache Zeichen auf mannigfache Weise offenbart. Und nichts kann sein, was nicht Zeichen der Offenbarung des gezeugten Wortes wäre. Und wie der Geist, wenn er sich nicht weiter offenbaren will, aufhört, ein stimmliches Wort hervorzubringen, und dieses gar nicht bestehen kann, wenn er es nicht ununterbrochen hervorbringt, so verhält sich das Geschöpf zum Schöpfer. Alles andere aber, ohne das ein stimmliches Wort nicht in guter Weise entstehen kann, welches Musen[18] genannt wird, ist auf das Ziel des stimmlichen Wortes ausgerichtet und dient damit dem Sichkundtun des Geistes. In gleicher Weise gibt es Geschöpfe, die Kennzeichen und Offenbarungen des inneren Wortes sind, und es gibt Geschöpfe, die den erstgenannten zu deren Ziel dienen[19].

22

Kapitel 8

Das vollkommene Sinnenwesen, das Sinne und Vernunft besitzt, ist also wie ein Kosmograph[1] zu betrachten, der eine Stadt mit fünf Toren, nämlich den fünf Sinnen, besitzt, durch welche Boten aus der ganzen Welt eintreten und vom gesamten Aufbau der Welt berichten, und zwar in folgender Ordnung: Die Boten, welche von Licht und Farbe in der Welt Neues bringen, treten durch das Tor des Gesichtssinnes ein; die von Laut und Stimme durch das Tor des Gehörs; die von Gerüchen durch das Tor des Geruchssinnes; die von Geschmack durch das Tor des Geschmackssinnes; und die von Wärme, Kälte und anderem Tastbaren künden, treten durch das Tor des Tastsinnes ein. Der Kosmograph sitzt da und zeichnet alle Berichte auf, damit er die Beschreibung[2] der gesamten sinnenfälligen Welt in seiner Stadt aufgezeichnet

civitatis suae semper clausa remansit, puta visus, tunc quia nuntii visibilium non habuerunt introitum, defectus erit in descriptione mundi. Non enim faciet descriptio mentionem de sole, stellis, luce, coloribus, figuris hominum, bestiarum, arborum, civitatum et maiori parte pulchritudinis mundi. Sic si porta auditus clausa mansit, de loquelis, cantibus, melodiis et talibus nihil descriptio contineret. Ita de reliquis. Studet igitur omni conatu omnes portas habere apertas et continue audire novorum semper nuntiorum relationes et descriptionem suam semper veriorem facere.

172r Demum quando | in sua civitate omnem sensibilis mundi 23
fecit designationem, ne perdat eam, in mappam redigit bene ordinatam et proportionabiliter mensuratam convertitque se ad ipsam nuntiosque amplius licentiat clauditque portas et ad conditorem mundi internum transfert intuitum, qui nihil eorum est omnium, quae a nuntiis intellexit et notavit, sed omnium est artifex et causa. Quem cogitat sic se habere ad universum mundum anterioriter, sicut ipse ut cosmographus ad mappam, atque ex habitudine mappae ad verum mundum speculatur in se ipso ut cosmographo mundi creatorem, in imagine veritatem, in signo signatum mente contemplando. In qua speculatione advertit nullum brutum animal, licet similem videatur habere civitatem, portas et nuntios, mappam talem facere potuisse. Et hinc in se reperit primum et propinquius signum conditoris, in quo vis creativa plus quam in aliquo alio noto animali relucet. Intellectuale enim signum primum et perfectissimum est omnium conditoris, sensibile vero ultimum. Retrahit igitur se quantum potest ab

besitze. Wenn aber ein Tor seiner Stadt, z. B. das des Gesichtssinnes, immer geschlossen blieb, wird die Beschreibung der Welt mangelhaft ausfallen, weil die Boten des Sichtbaren keinen Eingang fanden. Denn die Beschreibung wird nichts erwähnen von Sonne, Sternen, Licht und Farben, nichts von den Gestalten der Menschen, Tiere, Bäume und Städte und nichts vom größeren Teil der Schönheit der Welt. Wenn das Tor des Gehörssinnes geschlossen blieb, würde die Beschreibung ebenso nichts enthalten von Sprachen, Liedern, Melodien und dergleichen. Dasselbe träfe bei den übrigen Sinnen zu. Daher bemüht sich der Kosmograph mit allem Eifer, alle Tore offenzuhalten und ständig die Berichte von immer neuen Boten zu vernehmen und seine Beschreibung immer wahrer zu gestalten.

23 Wenn er schließlich in seiner Stadt eine Gesamtaufnahme der sinnenfälligen Welt fertiggestellt hat, trägt er sie, um ihrer nicht verlustig zu gehen, in rechter Ordnung und in den entsprechenden Größenverhältnissen auf eine Karte[3] ein. Sodann wendet er sich dieser Karte zu, entläßt die Boten für die Folgezeit und schließt die Tore. Nun lenkt er seinen inneren Blick zum Schöpfer der Welt, der nichts von alledem ist, was der Kosmograph durch Vermittlung der Boten verstand und aufzeichnete; er ist vielmehr der Werkmeister und die Ursache von allem. Nach der Auffassung des Kosmographen verhält er sich in vorgängiger Weise[4] so zur ganzen Welt, wie er selbst als Kosmograph zur Karte, und entsprechend dem Verhältnis der Karte zur wahren Welt betrachtet er in sich selbst als dem Kosmographen den Schöpfer der Welt und schaut so mit seinem Geiste die Wahrheit im Bilde und im Zeichen den Bezeichneten[5]. Bei dieser Betrachtung wird er gewahr, daß kein vernunftloses Sinnenwesen eine solche Karte entwerfen konnte, wenn es auch eine ähnliche Stadt, Tore und Boten zu besitzen scheint. Und daher entdeckt er in sich selbst das erste und nächste Zeichen des Schöpfers, in dem die schöpferische Kraft mehr als in irgendeinem andern bekannten Sinnenwesen aufleuchtet. Das geistige Zeichen nämlich ist das erste und vollkommenste Zeichen des Schöpfers von allem, das sinnenfällige aber das letzte[6]. Also zieht er sich soweit wie

omnibus sensibilibus signis ad intelligibilia simpliciaque atque formalia signa.

Et quomodo in illis splendet lux aeterna et inaccessibilis 24
omni acumine mentalis visus, attentissime advertit, ut videat incomprehensibilem aliter quam incomprehensibili essendi modo videri non posse atque ipsum, qui est omni modo comprehensibili incomprehensibilis, omnium, quae sunt, ⟨esse⟩ essendi formam, quae in omnibus, quae sunt, manens incomprehensibilis in intellectualibus signis ut «lux in tenebris lucet», a quibus nequaquam comprehenditur, quasi una facies in diversis politis speculis varie apparens nullo speculo quantumcumque polito inspeculatur, incorporatur seu immateriatur, ut ex ipsa facie et speculo aliquod unum compositum ex utroque fiat, cuius forma sit facies et speculum materia, sed in se manens una varie se ostendit, ut hominis intellectus in suis variis artibus et ex variis artium productis in se unus et invisibilis manens varie se visibiliter manifestat, licet in omnibus illis maneat omni sensui penitus incognitus. Hac speculatione dulcissime pergit contemplator ad sui et omnium causam, principium et finem, ut feliciter concludat.

Capitulum IX 25

Sunt igitur haec pauca facilia et sufficientia speculationi tuae, cum sis simplex. Quod si subtiliora indagare proponis, de elementis ad partes soni respice et litteras illas partes designantes, quarum aliae sunt vocales, aliae mutae, aliae semivocales, aliae liquidae, et quomodo ex illis fit syllabarum et dictionum combinatio, ex quibus oratio, ac quod oratio est

möglich von allen sinnenfälligen Zeichen zurück, um sich den geistigen, einfachen und formhaften Zeichen zuzuwenden.

24 Und mit größter Aufmerksamkeit nimmt er wahr, daß in jenen Zeichen das ewige Licht[7] aufleuchtet, das allem Scharfsinn geistiger Schau unzugänglich[8] ist, so daß er einsieht, daß der Unfaßbare nicht anders als in unfaßbarer Weise des Seins geschaut werden kann und daß er, der auf jede faßbare Weise unfaßbar ist[9], von allem, was ist, die Form des Seins[10] ist, welche in allem, was ist, unfaßbar bleibt und doch in den geistigen Zeichen wie das Licht in der Finsternis leuchtet, von der es aber keineswegs begriffen wird[11], ähnlich wie ein einziges Antlitz in verschiedenen polierten Spiegeln auf verschiedene Weise erscheint[12], aber doch keinem noch so polierten Spiegel eingespiegelt, eingekörpert oder eingestofft wird, so daß aus dem Antlitz und dem Spiegel ein Einziges würde, das aus beiden zusammengesetzt wäre und dessen Form das Antlitz, dessen Stoff der Spiegel wäre. Vielmehr bleibt das Antlitz in sich eins, zeigt sich aber auf verschiedene Weise. So bleibt auch die Vernunft des Menschen in sich eins und unsichtbar, stellt sich aber in ihren verschiedenen Künsten und durch ihre verschiedenen Kunsterzeugnisse auf verschiedene Weise sichtbar dar, wenn sie auch bei allem diesen für jeden Sinn gänzlich unerkannt bleibt. Durch diese Betrachtung dringt der Beschauer zu seiner größten Freude bis zur Ursache, zum Ursprung und Ziel seiner selbst und aller Dinge vor, um glücklich abzuschließen.

25 Kapitel 9

Diese wenigen Ausführungen also sind leicht faßbar und genügen für deine Betrachtung, da du ein einfacher Mensch bist. Willst du aber Schwierigeres erforschen, so blicke von den Lautelementen auf die Teile des Lautes und auf die Buchstaben, die jene Teile bezeichnen[1], unter denen die einen Vokale sind, andere sind Muten, andere Halbvokale, andere Liquiden. Und beachte, daß aus diesen Buchstaben Silben und Wörter zusammengestellt werden, aus denen

intentum. Ita quae a natura sunt, procedunt ab elementis ad intentum naturae. Oratio enim est rei designatio seu definitio. Hoc quaternario ab imperfecto ad perfectum pervenitur. Et quae de hoc philosophice tractari possunt, sufficienter in progressu artis huius venari poterunt. Nam in natura reperiuntur combinationes pulchrae et ornatae et hominibus gratae. Sic et ⟨in⟩ dicendi arte et vocum concordantia quaedam contrario se habent modo in utraque.

Facit igitur homo suas considerationes circa talia et scien- 26
tiam rerum facit ex signis et vocabulis, sicut deus mundum ex rebus, et ultra de ornatu et concordantia et pulchritudine atque vigorositate et virtute orationis artes addit vocabulis naturam imitando. Ita grammaticae addit rhetoricam, poesim, musicam, logicam et alias artes, quae omnes artes signa sunt naturae. Sicut enim mens sonum in natura repperit et artem addidit, ut omnia signa rerum in sono poneret, ita concordantiae, quam in natura repperit, in sonis artem addidit musicae omnes concordantias designandi. Et ita de reliquis.

Considerationes enim, quas otiosi sapientes in natura esse 27
reppererunt, conati sunt per aequalitatem rationis in communem artem perducere; ut quando experti sunt certarum notarum concordantias ex habitudine illarum ad pondera
172v malleo|rum concordantes notas in incude facientium pervenerunt, et demum in organis et chordis proportionabiliter magnis et parvis idem invenerunt et concordantias atque discordantias in natura in artem deduxerunt. Et hinc haec ars, cum apertius naturam imitetur, gratior est et conatum

wiederum die Rede entsteht, und daß die Rede das Beabsichtigte ist[2]. So schreitet das, was von Natur ist, von den Elementen fort zu dem von der Natur Beabsichtigten. Die Rede nämlich ist die Bezeichnung oder Definition eines Sachverhaltes. Durch diese vier gelangt man vom Unvollkommenen zum Vollkommenen. Und was hierüber philosophisch erörtert werden kann, wird zur Genüge bei fortschreitender Entwicklung dieser Kunst erjagt[3] werden können. Denn in der Natur findet man schöne, geschmackvolle und die Menschen erfreuende Kombinationen. So verhält sich in beiden Künsten, sowohl in der Sprechkunst wie auch beim mehrstimmigen Gesang, einiges nach der Weise des Gegensatzes zueinander.

26 Der Mensch stellt also seine Betrachtungen über derartiges an und formt sein Wissen von den Dingen aus Zeichen und Wörtern, so wie Gott die Welt aus den Dingen aufbaut[4]. Und überdies, was Schmuck, Wohlklang, Schönheit, Stärke und Kraft der Rede betrifft, so fügt er zu den Wörtern die Künste hinzu. Hierbei ahmt er die Natur nach[5]. So fügt er zu der Grammatik die Redekunst, die Dichtkunst, die Musik, die Logik und andere Künste hinzu. Alle diese Künste sind Zeichen der Natur. Wie nämlich der Geist den Laut in der Natur vorfand und dann die Kunst hinzufügte, alle Zeichen der Dinge im Laut wiederzugeben, so fügte er zu dem Wohlklang, den er in der Natur vorfand, im Bereich der Töne die Kunst der Musik hinzu, jeden Wohlklang zu bezeichnen. Das gleiche trifft bei den übrigen Künsten zu.

27 Was nämlich die der Wissenschaft dienenden Weisen in der Natur vorfanden, diese Beobachtungen versuchten sie durch die in der Vernunft angelegte Gleichheit in eine allgemeine Kunst zu überführen[6]. Wenn sie z. B. die Wohlklänge bestimmter Töne feststellten, gelangten sie durch deren Verhältnis ⟨zueinander⟩[7] zu dem Gewicht von Hämmern, welche die wohlklingenden Töne auf dem Amboß hervorbringen. Und schließlich fanden sie bei den in bestimmten Verhältnissen großen und kleinen Orgelpfeifen und Saiten dasselbe. Wohlklänge und Mißklänge, in der Natur entdeckt, überführten sie in eine Kunst[8]. Und deshalb ist diese Kunst lustvoller, da sie die Natur offenkundi-

naturae concitat et adiuvat in motu vitali, qui est concordantiae seu complacentiae motus, qui laetitia dicitur. Fundatur igitur omnis ars in consideratione per sapientem in natura reperta, quam praesupponit, quia causam eius propter quid ignorat; sed invento addit artem per speciem similitudinis dilatando, quae est ratio artis naturam imitantis.

Capitulum X 28

Nunc elicias. Si quam artem invenisti et illam in scriptis tradere conaris, opus habes, ut verba proposito apta praemittas et significata eorum iuxta tuam mentem declares. Hoc quidem est principale. Et quoniam verbum in illis vocabulis signatum ars est, quam enodare proponis, totum studium versabitur, ut per ipsa vocabula, quanto praecisius potes, doceas, quae mente concepisti. Definitio enim, quae scire facit, est explicatio eius, quod in vocabulo complicatur. Et ad hoc in omni studio librorum principalem operam adhibeas, ut interpretationem vocabulorum iuxta mentem scribentis attingas, et cuncta facile apprehendes scripturasque concordabis, quas sibi contradicere putabas. Hinc distinctiones terminorum multum conferunt ad variarum scripturarum concordiam, si distinguens non errat. Et tunc minus deviat, quando ad aequalitatem reducere satagit.

Adiciam tibi unam quam habui considerationem circa 29
speciem notitiae principii. Hoc enim oportet esse principium, quo nihil prius nec potentius. Sola potentia, quae praecisam sui aequalitatem generat, maior esse nequit. Haec enim omnia in se unit. Capio igitur terminos quattuor, puta posse,

ger nachahmt, und sie steigert und fördert die Anstrengung der Natur in jener lebendigen Bewegung, die eine Bewegung des Wohlklangs oder des Wohlgefallens ist und Freude heißt. Jede Kunst gründet also in einer Beobachtung, welche der Weise in der Natur macht. Die Natur setzt er voraus, weil er ihren Wesensgrund nicht kennt. Dem Entdeckten aber fügt er eine Kunst hinzu, indem er es durch die begrifflich erfaßte Ähnlichkeit ausweitet. Auf diesem Ähnlichkeitsbegriff beruht das Wesen der die Natur nachahmenden Kunst[9].

28 Kapitel 10

Nun folgere weiter. Wenn du eine Kunst erfunden hast und sie schriftlich weiterzugeben versuchst, mußt du deinem Vorhaben entsprechende Worte vorausschicken und ihre Bedeutung gemäß deinem Geist erklären. Dies ist die Hauptsache. Und weil das in jenen ⟨geschriebenen⟩ Wörtern bezeichnete Wort die Kunst ist, die du entwickeln willst, wird dein ganzes Bemühen darauf hinausgehen, durch die Wörter so genau, wie nur möglich, zu lehren, was du in deinem Geist erfaßt hast. Die Definition[1] nämlich, die Wissen bewirkt, ist die Ausfaltung dessen, was im Wort eingefaltet ist[2]. Und darauf muß sich bei jedem Bücherstudium dein Hauptaugenmerk richten, daß du die Worterklärung gemäß dem Geist des Schriftstellers vornimmst; und dann wirst du alles leicht begreifen und die Texte, die, wie du glaubtest, sich widersprachen, miteinander in Einklang bringen. Daher tragen die Unterscheidungen der Begriffe viel zur Harmonisierung verschiedener Texte bei, vorausgesetzt, daß man beim Unterscheiden keinen Fehler begeht. Und dann geht man weniger in die Irre, wenn man sich bemüht, die verschiedenen Texte auf die Gleichheit zurückzuführen[3].

29 Ich lasse nun für dich eine Betrachtung folgen, die ich über die Art der Ursprungserkenntnis machte[4]. Ursprung nämlich muß das sein, im Vergleich zu dem es nichts Früheres oder Mächtigeres gibt[5]. Nur die Macht, die eine genaue Gleichheit ihrer selbst zeugt, kann nicht größer sein[6]. Denn sie eint alles in sich[7]. Ich fasse also vier Begriffe ins Auge,

aequale, unum et simile. Posse dico, quo nihil potentius; aequale, quod eiusdem naturae; unum ab ipsis procedens; et simile, quod est principii sui repraesentativum. Ipso posse nihil prius esse potest. Quid enim posse anteiret, si anteire non posset? Posse igitur, quo nihil potentius aut prius esse potest, utique est principium omnipotens. Est enim ante esse et non esse. Nihil enim est, nisi esse possit, nec non est, si non esse non potest. Atque praecedit facere et fieri. Nihil enim facit, quod facere non potest, aut fit, quod fieri non potest. Sic vides posse ante esse et non esse, ante facere et fieri; et ita de omnibus. Nullum autem omnium, quae hoc ipsum posse non sunt, sine ipso nec esse potest nec cognosci. Quaecumque igitur aut esse aut cognosci possunt, in ipso posse complicantur et eius sunt.

Aequale autem, cum non possit esse, nisi sit ipsius posse, erit prius omnibus, sicut posse, cuius est aequale. In aequalitate sua ostendit se posse potentissimum. Nam de se sui ipsius posse aequalitatem generare supremum potentiae est. Posse igitur, quod se aequaliter ad contradictoria habet, ut non possit plus unum quam aliud, per aequalitatem suam se aequaliter habet. Procedit autem ex posse et aequalitate eius unio potentissima. Potentia enim seu virtus unita fortior est. Unio igitur ipsius, quo nihil potentius, et eius aequalitatis non est minor ipsis, a quibus procedit. Et ita videt mens posse, eius aequalitatem et utriusque unionem esse unicum principium potentissimum, aequalissimum et unissimum. Patet satis quod posse aequaliter unit omnia, complicat et explicat.

nämlich das Können, das Gleiche, das Eine und das Ähnliche[8]. Das Können nenne ich das, im Vergleich zu dem es nichts Mächtigeres gibt; das Gleiche das, was von derselben Natur ist; das Eine das, was aus ihnen hervorgeht; und das Ähnliche das, was Darstellung seines Ursprungs ist. Im Vergleich zum Können kann es nichts Früheres geben. Was nämlich sollte dem Können vorausgehen, wenn es nicht vorausgehen könnte[9]? Das Können also, im Vergleich zu dem nichts mächtiger oder früher sein kann, ist sicherlich allmächtiger Ursprung. Es ist nämlich vor dem Sein und dem Nichtsein. Denn nichts ist, wenn es nicht sein könnte[10], und nichts ist nicht, wenn es nicht nicht sein kann. Ferner geht das Können dem Machen und Werden voraus. Denn nichts macht, was nicht machen kann, oder wird, was nicht werden kann[11]. So siehst du das Können vor dem Sein und Nichtsein, vor dem Machen und Werden und so weiter[12]. Nichts aber von allem, das dieses Können selbst nicht ist, kann ohne es sein oder erkannt werden[13]. Was also auch immer sein oder erkannt werden kann, ist im Können selbst eingefaltet[14] und gehört ihm.

Da das Gleiche aber nur sein kann, wenn es dem Können gleich ist, muß es früher sein als alles andere, wie das Können, dem es gleich ist. In seiner Gleichheit zeigt sich das Können als im höchsten Grade mächtig. Denn aus sich die Gleichheit seiner selbst zeugen zu können, bedeutet ein Höchstmaß an Macht. Das Können also, das sich in gleicher Weise zu Entgegengesetztem verhält, so daß es das eine nicht mehr kann als das andere, verhält sich auf Grund seiner Gleichheit in gleicher Weise[15]. Aus dem Können und seiner Gleichheit aber geht die Einigung hervor, die in höchstem Grade mächtig ist. Denn die geeinte Macht oder Kraft ist stärker[16]. Also ist die Einigung dessen, im Vergleich zu dem es nichts Mächtigeres gibt, und seiner Gleichheit nicht geringer als jene, von denen sie ausgeht. Und so sieht der Geist, daß das Können, seine Gleichheit und die Einigung beider ein einziger Ursprung sind, der im höchsten Grade mächtig, gleich und eins ist. So erhellt zur Genüge, daß das Können alles in gleicher Weise eint, einfaltet und ausfaltet[17].

Quidquid igitur facit, per aequalitatem facit, et si creat, 31 per ipsam creat, et si ostendit, per ipsam se ostendit. Non facit autem posse ipsum per aequalitatem se ipsum, cum non sit prius se ipso, nec facit per aequalitatem dissimile. Non enim aequalitas forma est dissimilitudinis et inaequalis. Id igitur, quod facit, simile est. Quidquid igitur est et non est ipsum principium, necesse est quod sit ipsius similitudo, cum aequalitas, quae non recipit magis et minus, non sit multiplicabilis seu variabilis sive alterabilis, sicut nec singulare; non enim est singularitas aliud quam aequalitas.

173r Obiectum igitur omnis potentiae cogniti|vae non potest 32 esse nisi ipsa aequalitas, quae se in sua similitudine ostendere potest. Unde obiectum sensitivae cognitionis non est nisi aequalitas, sic et imaginativae atque etiam intellectivae. Naturaliter potentia suum cognoscit obiectum. Cognitio vero fit per similitudinem. Hinc omnium potentiarum cognitivarum aequalitas obiectum est, cuius similitudo ponit omnes potentias cognitivas in actu. Naturaliter enim intellectu vigentes aequalitatem esse vident, cuius similitudo est in intellectu, sicut visus coloratum, cuius similitudo seu species est in visu. Similitudo autem omnis est aequalitatis species seu signum. Aequalitas visui obicitur, quae in specie coloris videtur et in auditu in specie soni auditur; et ita de reliquis.

Propinquius tamen in imaginatione, quia non in specie 33 qualitatis, sed quantitatis aequalitas imaginabilis est. Et haec species propinquiorem habet aequalitatis similitudinem. In intellectu vero non per similitudinem speciebus qualitatis aut quantitatis involutam, sed simplicem et puram intelligibilem speciem seu nudam similitudinem aequalitas

31 Was immer also das Können macht, macht es durch die Gleichheit; und wenn es erschafft, erschafft es durch sie; und wenn es offenbart, offenbart es sich durch sie. Nicht aber macht das Können selbst durch die Gleichheit sich selbst, da es nicht früher als es selbst ist[18], noch macht es durch die Gleichheit Unähnliches. Denn die Gleichheit ist nicht die Form der Unähnlichkeit und des Ungleichen. Was also das Können macht, ist Ähnliches. Was immer also ist und nicht der Ursprung selbst ist, ist notwendigerweise dessen Ähnlichkeit[19], da die Gleichheit, die kein Mehr und Weniger zuläßt, nicht vervielfältigt oder verändert werden oder verschieden werden kann, ebensowenig wie Einzelnes; denn die Einzigartigkeit ist nichts anderes als Gleichheit[20].

32 Also kann Gegenstand jedes Erkenntnisvermögens nur die Gleichheit selbst sein, die sich in ihrer Ähnlichkeit offenbaren kann. Daher ist nur die Gleichheit Gegenstand der sinnlichen wie auch der vorstellenden und der vernunfthaften Erkenntnis. Von Natur erkennt das Vermögen den ihm entsprechenden Gegenstand. Erkenntnis aber kommt durch Ähnlichkeit zustande[21]. Daher ist Gegenstand aller Erkenntnisvermögen die Gleichheit, deren Ähnlichkeit alle Erkenntnisvermögen in die Wirklichkeit überführt. Von Natur aus nämlich sehen die ein, welche im vollen Besitz ihrer Vernunft sind, daß es die Gleichheit gibt, deren Ähnlichkeit in der Vernunft ist, wie der Gesichtssinn sieht, daß es Farbiges gibt, dessen Ähnlichkeit oder Erkenntnisbild im Gesichtssinn ist. Jede Ähnlichkeit aber ist Erkenntnisbild oder Zeichen der Gleichheit. Die Gleichheit wird Gegenstand des Gesichtssinnes; sie wird im Erkenntnisbild der Farbe geschaut und im Gehörssinn im Erkenntnisbild des Tones gehört. Entsprechendes gilt von den übrigen Sinnen.

33 Näher jedoch kommt man der Gleichheit in der Vorstellungskraft. Denn die Gleichheit ist nicht im Erkenntnisbild der Qualität, sondern in dem der Quantität vorstellbar. Und dieses Erkenntnisbild hat eine der Gleichheit nähere Ähnlichkeit. In der Vernunft aber wird die Gleichheit nicht erreicht durch eine Ähnlichkeit, die in die Erkenntnisbilder der Qualität oder der Quantität eingehüllt ist, sondern durch ein einfaches, reines, vernunfthaftes Erkenntnisbild oder

attingitur. Et videtur aequalitas ipsa una, quae est omnium rerum essendi et cognoscendi forma in varia similitudine varie apparens. Et eius singularem apparitionem, quam rem singularem appellamus, in eius splendore humana mens naturaliter in se ipsa intuetur tamquam viva et intelligens eius apparitio. Non est enim humana mens nisi signum coaequalitatis illius quasi prima apparitio cognitionis, quam propheta «lumen vultus» dei «super nos signatum» appellat.

Hinc homo naturaliter bonum, aequum, iustum et rectum, quia splendores aequalitatis, cognoscit; legem illam 'quod tibi vis fieri, alteri fac', laudat, quia est splendor aequalitatis. Cibus enim vitae intellectualis ex talibus est virtutibus; quare non ignorat ipsam pastus sui refectionem. Sicut visus sensibilis ad sensibilem lucem se habet, ita visus mentis ad hanc intelligibilem lucem. Nam lux sensibilis, illius intelligibilis imago, similitudinem aequalitatis habet, cum nihil inaequale in ipsa luce videatur. Hoc certum quod sicut visus sensibilis nihil sentit nisi lucem et lucis apparentiam in signis suis neque quidquam aliud esse iudicat, quin immo constanter affirmat sublata luce nil penitus manere — pascitur enim videre ex illis —, ita et mentis visus nihil sentit quam intelligibilem lucem sive aequalitatem et eius apparitionem in signis suis atque verissime profitetur quod hac luce sublata nihil nec esse nec intelligi potest. Quomodo enim sublata aequalitate staret intellectus, cuius intelligere in adaequatione consistit, quae utique desineret aequalitate sublata? Nonne veritas sublata foret, quae est adaequatio rei ad intellectum aut aequatio rei et intellectus? Nihil 34

eine unverhüllte Ähnlichkeit[22]. Und die eine Gleichheit selbst wird geschaut, die Seins- und Erkenntnisform aller Dinge ist[23] und in verschiedener Ähnlichkeit auf verschiedene Weise erscheint[24]. Und ihre Einzelerscheinung, die wir Einzelding nennen, schaut der menschliche Geist von Natur aus in ihrem Abglanz in sich selbst als ihre lebendige und vernunfthaft erkennende Erscheinung[25]. Denn der menschliche Geist ist nichts anderes als das Zeichen jener Gleichheit, gleichsam die erste Erscheinung der Erkenntnis[26], welche der Prophet das Licht des Antlitzes Gottes, das über uns gezeichnet ist, nennt[27].

34 Daher erkennt der Mensch von Natur aus das Gute, das Gleiche, das Gerechte und Richtige[28], weil dies alles Abglanz der Gleichheit ist; und er erkennt jenes Gesetz an: „Was du willst, daß man dir tu, das tu auch dem andern!"[29], weil es ein Abglanz der Gleichheit ist. Denn das vernunfthafte Leben bezieht seine Nahrung aus solchen Tugenden; deshalb kennt es die Erquickung, die ihm seine Nahrung schenkt[30]. Wie sich das sinnliche Sehen zum sinnenfälligen Licht verhält, so verhält sich das Sehen des Geistes zu diesem geistigen Licht[31]. Denn als Abbild dieses geistigen Lichtes[32] hat das sinnenfällige Licht Ähnlichkeit mit der Gleichheit, da nichts Ungleiches im Lichte selbst geschaut wird. Folgendes ist gewiß: Das sinnliche Sehen nimmt nur das Licht und des Lichtes Erscheinen in seinen Zeichen wahr und urteilt, daß es nichts anderes gibt, ja es behauptet sogar fest, daß bei Fortfall des Lichtes überhaupt nichts mehr zurückbleibe — das Sehen wird ja durch jene Gegebenheiten gespeist[33] —. Ebenso nimmt auch das Sehen des Geistes nichts wahr als das geistige Licht oder die Gleichheit und ihre Erscheinung in ihren Zeichen und bekennt mit größter Wahrheit, daß bei Fortfall dieses Lichtes nichts sein oder erkannt werden kann[34]. Denn wie sollte die Vernunft noch festen Stand haben, wenn die Gleichheit aufgehoben wäre? Besteht doch das Vernunfterkennen in einer Angleichung, die gänzlich zu sein aufhörte, wenn die Gleichheit aufgehoben wäre. Wäre dann nicht die Wahrheit aufgehoben, welche die Angleichung des Dinges an die Vernunft oder die Gleichung des Dinges und der Vernunft ist[35]?

igitur in veritate maneret aequalitate sublata, cum in veritate ipsa nihil reperiatur quam aequalitas.

Capitulum XI 35

Et ut videas animam sensitivam non esse intellectum, sed eius similitudinem seu imaginem, attende quomodo in vidente duplex est forma, una informans, quae est similitudo obiecti, alia est formans, quae est similitudo intelligentiae. Formare et informare agere quoddam est. Cum autem nihil fiat sine ratione, intellectus est principium actionum, quae sunt ad finem. Facit autem omnia aut per se aut per naturam; ideo opus naturae est opus intelligentiae. Hinc quando obiectum per suam similitudinem informat, hoc naturaliter fit, scilicet per intelligentiam medio naturae. Quando vero intelligentia format, hoc facit per propriam suam similitudinem. In vidente igitur duae sunt similitudines, alia obiecti, alia intelligentiae, sine quibus non fit visio. Similitudo obiecti est superficialis et extrinseca, similitudo intelligentiae centralis et intrinseca. Similitudo obiecti est instrumentum similitudinis intelligentiae. Similitudo igitur intelligentiae mediante similitudine obiecti sentit seu cognoscit.

Sentire igitur animam sensitivam, quae similitudo est in- 36
telligentiae, et speciem obiecti, quae est similitudo obiecti, requirit. Quare anima sensitiva non est intellectus, cum non sentiat sine similitudine obiecti. Intellectus enim non dependet ab aliquo, ut intelligibilia intelligat, et nullo alio a se ipso indiget instrumento, cum sit suarum actionum principium. Intelligit enim hoc complexum: 'quodlibet est vel non est,' sine aliquo instrumento seu medio; sic et cuncta

Nichts also bliebe in der Wahrheit, wäre die Gleichheit aufgehoben, da in der Wahrheit selbst nichts anderes zu finden ist als Gleichheit[36].

35 Kapitel 11

Und damit du siehst, daß die sinnenhafte Seele nicht Vernunft, sondern deren Ähnlichkeit oder Bild ist[1], beachte, daß es im Sehenden eine zweifache Form gibt. Die eine ist einformend und ist eine Ähnlichkeit des Gegenstandes; die andere ist formend und ist eine Ähnlichkeit der Vernunftkraft[2]. Formen und Einformen ist ein gewisses Wirken. Da aber nichts ohne Grund geschieht, ist die Vernunft der Ursprung der Tätigkeiten, die auf ein Ziel hingeordnet sind. Sie bewirkt aber alles entweder durch sich selbst oder durch die Natur. Deshalb ist das Werk der Natur ein Werk der Vernunftkraft[3]. Wenn daher der Gegenstand durch seine Ähnlichkeit einformt, geschieht dies auf natürliche Weise, nämlich durch die Vernunftkraft vermittels der Natur. Wenn aber die Vernunftkraft formt, macht sie dies durch ihre eigene Ähnlichkeit. Im Sehenden sind also zwei Ähnlichkeiten; die eine ist die des Gegenstandes und die andere die der Vernunftkraft. Ohne diese beiden kommt kein Sehen zustande. Die Ähnlichkeit des Gegenstandes ist oberflächlich und äußerlich, die Ähnlichkeit der Vernunftkraft ist zentral und innerlich. Die Ähnlichkeit des Gegenstandes ist Werkzeug der Ähnlichkeit der Vernunftkraft. Die Ähnlichkeit der Vernunftkraft empfindet also oder erkennt vermittels der Ähnlichkeit des Gegenstandes.

36 Das Empfinden erfordert also die sinnenhafte Seele, die Ähnlichkeit der Vernunftkraft ist, und ein Erkenntnisbild des Gegenstandes, das Ähnlichkeit des Gegenstandes ist. Deshalb ist die sinnenhafte Seele nicht die Vernunft, da sie ohne Ähnlichkeit des Gegenstandes nichts empfindet. Die Vernunft nämlich hängt von nichts ab, damit sie das geistig Erkennbare erkenne, und bedarf keines anderen von ihr Verschiedenen als Werkzeug, da sie der Ursprung ihrer Tätigkeiten ist. Denn sie sieht ohne Werkzeug oder Mittel dieses Urteil ein: „Jedwedes ist oder ist nicht.“ Ebenso sieht

173v intelligibilia. Sensibilia non | intelligit, quia sensibilia et non intelligibilia. Quare oportet, ut intelligibilia prius fiant, antequam intelligantur, sicut nihil sentitur, nisi sensibile fiat.

Capitulum XII 37

Adhuc, ut in sensibilibus consideres aequalitatem, nonne alia superficies plana, alia rotunda, alia media? Et si aut planam aut rotundam mente conspicis, utique nihil non aequale habent. Planities quid aliud quam aequalitas? Sic et rotunditas aequalitas est. Aequaliter enim a centro se habet rotundi superficies et necessario undique aequalis, nullibi se aliter habens. Planities eodem se habet modo undique. Quod si ad illam respicis planitiem, qua nulla dari potest aequalior, utique, cum omnis plana superficies splendeat, maxime illa splendebit. Sic et rotunda splendebit et movebitur, ut in libello De globo patet. Mediae vero superficies non possunt penitus ab omni aequalitate esse alienae, cum cadant inter planam et rotundam. Sic nec inter rectam lineam et circularem, quarum quaelibet aequalis est, nulla cadere potest linea aequalitatis expers.

Ita et de numero, quorum nullus est aequalitatis expers, 38
quando in ipsis non nisi unitatis progressio reperitur, et nullus est, qui sit variabilis aut minus plusque capiat. Hoc certe non aliunde quam ab aequalitate sic esse oportet. Deinde, nonne nihil in sanitate aut vita aut talibus quibuscumque veraciter quam aequalitas reperitur? Qua sublata nec sensus nec imaginatio nec comparatio nec proportio nec intellectus remanebit; sic nec amor nec concordia nec iustitia nec pax erunt, nec durare quidquam poterit.

sie alles geistig Erkennbare ein. Das Sinnenfällige aber sieht sie nicht ein, weil es sinnenfällig und nicht geistig erkennbar ist. Daher muß das Sinnenfällige erst geistig erkennbar werden, bevor es eingesehen wird; wie ja auch nichts sinnlich empfunden wird, wenn es nicht sinnenfällig wird.

37

Kapitel 12

Ferner, damit du im Sinnenfälligen die Gleichheit betrachtest: Ist nicht die eine Fläche eben, eine andere rund und eine andere etwas Mittleres? Und wenn du entweder die ebene oder die runde Fläche mit dem Geiste schaust, haben sie gewiß nichts Ungleiches. Was ist die Ebene anderes als Gleichheit? So ist auch die Rundheit Gleichheit. Denn die Fläche des Runden verhält sich vom Mittelpunkt aus gleich, und sie ist notwendigerweise überall gleich und verhält sich nirgends anders[1]. Auch die Ebene verhält sich überall in derselben Weise. Wenn du zu jener Ebene hinblickst, im Vergleich zu der keine gleichere gegeben werden kann, so wird, da jede ebene Fläche glänzt, jene gewiß am meisten glänzen. Ebenso wird auch die runde glänzen und sich bewegen, wie es sich im Büchlein über die Kugel[2] zeigt. Aber auch die mittleren Flächen können nicht gänzlich jeder Gleichheit bar sein, da sie zwischen die ebene und die runde Fläche fallen. So kann auch zwischen die gerade und die kreisförmige Linie, deren jede gleich ist, keine Linie fallen, die der Gleichheit entbehrt.

38 Dasselbe gilt auch von der Zahl. Keine Zahl entbehrt der Gleichheit, da sich in ihnen nur ein Fortschreiten der Eins findet und es keine gibt, die veränderlich wäre oder ein Mehr und Weniger zuließe. Das kann sicherlich nur von der Gleichheit herrühren. Ferner, findet sich nicht tatsächlich in Gesundheit oder Leben oder allem dergleichen nichts als Gleichheit? Ist sie aufgehoben, dann werden weder Sinn noch Vorstellung noch Vergleich noch Verhältnis noch Vernunft zurückbleiben; ebenso werden weder Liebe noch Eintracht noch Gerechtigkeit noch Frieden sein, und nichts wird fortdauern können[3].

Capitulum XIII 39

Post primi principii considerationem adhuc ex dictis aliquid de anima inferam. Elicias ex praemissis quomodo aer nullo sensu nostro attingitur nisi qualificatus. Ex quo constat quod, si aer viveret vita sensitiva, in se sentiret species qualitatum. Aer autem aut subtilis est aut grossus aut medio modo se habet. Subtilis aether est. Oportet igitur animam sensitivam aerem vivificare sibi coniunctum, ut in vivificato aere sentire possit species obiectorum, puta in aere vivo diaphano et subtili speciem visibilis, in communi speciem soni, in ingrossato et immutato species aliorum sensuum. Non est igitur anima sensitiva nec terra nec aqua nec aer nec aether sive ignis, sed est spiritus vivificans aerem modo praemisso, et coniunctum ex spiritu et aere per sensibilem speciem in actu positum sentit. Aer igitur corpus vitae spiritus nostri sensitivi exsistit, quo mediante vivificat totum corpus et sentit obiecta, et non est naturae alicuius obiecti sensibilis, sed simplicioris et altioris virtutis. Sentire quoddam pati est. Agit igitur species in corpus organicum iam dictum.

Hinc species non est corporalis, cum agat in corpus, sed 40
est in respectu ad corpus illud organicum spiritus formans. Et quia sentitur, erit corpus illud vivum et purum omni specie carens. Anima autem, quae est vivificans ipsum et cuius est sentire, penitus omni corpore et specie simplicior et abstractior non cognoscit, nisi attendat. Est igitur virtutis semper vivificativae et cognitivae, qua utitur, quando

39 Kapitel 13

Nach der Betrachtung des ersten Ursprungs[1] möchte ich aus dem Gesagten noch etwas über die Seele folgern. Entnimm dem bisher Erörterten, daß die Luft nur, soweit sie qualitativ bestimmt ist, von unserem Sinn erfaßt wird[2]. Auf Grund dessen steht fest, daß, wenn die Luft ein sinnenhaftes Leben lebte, sie in sich die Erkenntnisbilder der Qualitäten wahrnähme[3]. Die Luft aber ist entweder dünn oder dick oder verhält sich in mittlerer Weise. Dünne Luft ist der Äther. Also muß die sinnenhafte Seele die ihr verbundene Luft beleben, damit sie in der belebten Luft die Erkenntnisbilder der Gegenstände wahrnehmen kann, zum Beispiel in der lebendigen, durchsichtigen und dünnen Luft das Erkenntnisbild des Sichtbaren, in der gewöhnlichen das Erkenntnisbild des Tones, in der verdickten und veränderten die Erkenntnisbilder der anderen Sinne. Also ist die sinnenhafte Seele weder Erde noch Wasser noch Luft noch Äther oder Feuer, sondern sie ist der die Luft in der soeben genannten Weise belebende Geist, und das aus Geist und Luft Verbundene übt die Wahrnehmung aus, wenn es durch das sinnenfällige Erkenntnisbild in die Wirklichkeit gesetzt ist. Die Luft ist also der Körper des Lebens unseres sinnenhaften Geistes, durch dessen Vermittlung dieser den ganzen Körper belebt und die Gegenstände wahrnimmt, und sie ist nicht von der Natur irgendeines sinnenfälligen Gegenstandes, sondern von einfacherer und höherer Kraft[4]. Wahrnehmen ist ein gewisses Erleiden[5]. Das Erkenntnisbild wirkt also auf den bereits erwähnten organischen Körper ein.

40 Daher ist das Erkenntnisbild nicht körperlich, da es auf den Körper einwirkt[6], vielmehr ist es im Hinblick auf jenen organischen Körper formender Geist. Und weil es wahrgenommen wird, wird jener lebendige und reine Körper jedes Erkenntnisbildes entbehren. Die Seele aber, welche ihn belebt und der das Wahrnehmen zukommt, ist gänzlich einfacher und unstofflicher als irgendein Körper oder irgendein Erkenntnisbild, und sie erkennt nur, wenn sie aufmerkt[7]. Also besitzt sie eine immer belebende und erkennende Kraft, der sie sich bedient, wenn sie bewegt wird, damit sie

movetur, ut attendat. Est igitur in ipsa anima sensitiva ultra virtutem vivificativam quaedam potentia cognitiva, quasi imago sit intelligentiae, quae in nobis ipsi intelligentiae iungitur. Vides radium solis penetrare vitrum coloratum et in aere speciem coloris apparere. Splendore enim illo, qui est splendor coloris vitri, vides aerem coloratum in similitudine vitri; habet se tamen color vitri ut corpus et color aeris ut intentio et spiritus ad illum. Huius autem intentionis species adhuc subtilior et spiritualior, quia est splendor eius, sentitur in visu, scilicet in diaphano aerio vivo oculi.

Anima igitur sensitiva, quae vivificat diaphanum, est adeo 41
spiritualis, quod splendorem splendoris sentit in suo diaphano purissimo. Sentit enim diaphani eius superficiem penitus incoloratam in similitudine tingi, et se convertens ad obiectum, unde splendor venit, medio illius splendoris, quem in superficie corporis sui diaphani sentit, obiectum cognoscit. Unde, cum non fiat visio, nisi videns attendat ad splendorem seu intentionem – praetereuntes enim, si non sumus attenti, non videmus –, patet quod visio ex intentione coloris et attentione videntis oritur.

Et si bene consideras, in aere illo colorato similitudinem 42
hominis reperies. Nam est corpus, anima et spiritus. Corpus,
174r ut aer est; anima, ut species coloris per | omnia aerem penetrantis, formantis et colorantis; spiritus vero, ut radius lucis colorem illuminantis. Nam rationalis nostra anima nisi in se haberet spiritum discretionis, qui in ea lucet, homines non essemus nec clare prae ceteris animalibus sentiremus. Lux

aufmerke. Also ist selbst in der sinnenhaften Seele über die lebenspendende Kraft hinaus ein gewisses erkennendes Vermögen, gleichsam als das Abbild der Vernunftkraft, das in uns mit der Vernunftkraft selbst verbunden ist[8]. Du siehst, daß der Sonnenstrahl das farbige Glas durchdringt und daß in der Luft das Erkenntnisbild der Farbe erscheint. Denn durch jenen Glanz, welcher der Glanz der Farbe des Glases ist, siehst du die Luft farbig nach Art des Glases[9]. Dennoch verhält sich zu diesem Glanz die Farbe des Glases wie der Körper und die Farbe der Luft wie Hingewendetsein und Geist. Das Erkenntnisbild dieses Hingewendetseins aber, das noch feiner und geistiger ist, da es dessen Abglanz ist, wird im Gesichtssinn wahrgenommen, nämlich in dem luftartigen und lebendigen Durchsichtigen des Auges.

41 Also ist die sinnenhafte Seele, welche das Durchsichtige belebt, so geistig, daß sie den Abglanz des Glanzes in ihrem Durchsichtigen, das ganz rein ist, wahrnimmt[10]. Denn sie nimmt wahr, daß die gänzlich farblose Oberfläche ihres Durchsichtigen in einer Ähnlichkeit gefärbt wird[11]; und indem sie sich dem Gegenstand zuwendet, von dem der Glanz herkommt, erkennt sie den Gegenstand vermittels jenes Glanzes, den sie auf der Oberfläche ihres durchsichtigen Körpers wahrnimmt. Da also das Sehen nur zustande kommt, wenn der Sehende seine Aufmerksamkeit dem Glanz oder dem Hingewendetsein zuwendet — die Vorübergehenden nämlich sehen wir nicht, wenn wir nicht aufmerksam sind —, so kommt das Sehen offenbar durch das Hingewendetsein der Farbe und durch die zugewendete Aufmerksamkeit des Sehenden zustande[12].

42 Und wenn du es gut erwägst, wirst du in jener farbigen Luft ein Gleichnis des Menschen finden. Denn er ist Körper, Seele und Geist[13]. Körper ist er, wie es die Luft ist; Seele, wie das Erkenntnisbild der Farbe, die ganz und gar die Luft durchdringt, formt und färbt; Geist aber, wie der Strahl des Lichtes, das die Farbe erleuchtet. Denn hätte unsere mit Verstand begabte Seele in sich nicht den Geist der Unterscheidung, der in ihr leuchtet, so wären wir keine Menschen noch würden wir deutlicher als die übrigen Sinnenwesen wahrnehmen[14]. Jenes Licht aber, das in uns

autem illa, quae in nobis lucet, desuper datur et non commiscetur corpori; lucem autem esse discretivam experimur.

Ideo omnem discretionem et illuminationem atque perfec- 43
tionem animalitatis nostrae ab illa insensibili luce nos habere certissime scimus, quae si non luceret in nobis, penitus deficeremus; quemadmodum cessante radio solis penetrare vitrum coloratum nihil de colorato aere visibile manet. Caelum autem ut vitrum est in se zodiacum seu circulum vitae continens; virtus vero omnia creantis est ut radius. Ex his paucis materiam speculandi sumito, quam, ut volueris, poteris ampliare. Superest de fide nostra dulcissima consideratio, quae omnia sua certitudine superat et sola est felicitans; circa quam solide et crebriter verseris.

Conclusio 44

Habes, quae nos in his alias latius sensimus, in multis et variis opusculis, quae post istud Compendium legere poteris, et reperies primum principium undique idem varie nobis apparuisse et nos ostensionem eius variam varie depinxisse.

Epilogus 45

Tendit tota directio ad unitatem obiecti, ad quam Philippus apostolus per Christum, qui verbum dei, ductus dicebat: «Domine, ostende nobis patrem, et sufficit nobis». Patrem verbi ac aequalitatis, quia omnipotens, posse supra nominamus; unum est obiectum visus mentis et visus sensus, visus mentis, uti est in se, visus sensus, uti est in signis, et

leuchtet, wird von oben gegeben und vermischt sich nicht mit dem Körper. Daß aber das Licht unterscheidende Kraft besitzt, lehrt uns die Erfahrung.

43 Daher wissen wir mit höchster Gewißheit, daß wir alle Unterscheidungskraft, Erleuchtung und Vollendung unserer Sinnenwesenhaftigkeit von jenem nicht sinnenfälligen Licht haben. Wenn dieses nicht in uns leuchtete, gingen wir gänzlich zugrunde[15]; ebenso wie von der farbigen Luft nichts mehr zu sehen bleibt, wenn der Sonnenstrahl aufhört, das farbige Glas zu durchdringen. Der Himmel aber, der in sich den Tierkreis oder Lebenskreis enthält, ist wie das Glas[16]; die Kraft dessen aber, der alles erschafft, ist wie der Strahl. Aus diesen wenigen Ausführungen entnimm den Stoff für dein Nachdenken, den du nach Belieben erweitern kannst. Übrig bleibt noch die im höchsten Grade Freude bereitende Betrachtung über unsern Glauben, der durch seine Gewißheit alles überragt und allein zu beglücken vermag[17]. Mit ihm mögest du dich gründlich und häufig beschäftigen.

44

Schluß

Du findest unsere Gedanken hierüber, die wir anderswo ausführlicher dargestellt haben, in vielen verschiedenen Schriften[1], die du nach diesem Abriß lesen kannst. Und du wirst feststellen, daß der erste Ursprung, der überall derselbe ist, uns auf mannigfache Weise erschienen ist und daß wir seine mannigfache Offenbarung auf mannigfache Weise beschrieben haben[2].

45

Epilog

Die gesamte Anleitung[1] zielt ab auf die Einheit des Gegenstandes. Zu ihr durch Christus, der das Wort Gottes ist, geführt, sagte der Apostel Philippus: „Herr, zeige uns den Vater, und es genügt uns."[2] Den Vater des Wortes und der Gleichheit nennen wir oben[3] das Können, weil er allmächtig ist; er ist der eine Gegenstand des geistigen und des sinnlichen Sehens; des geistigen Sehens, wie er in sich ist; des sinnlichen Sehens, wie er in den Zeichen ist[4]. Und er ist

est ipsum posse, quo nihil potentius. Hoc cum sit omne, quod esse potest, tunc et omnia, quae esse possunt, ipsum est sine sui variatione, augmento sive diminutione. Res igitur omnes cum non sint nisi quod esse possunt et posse, quo nihil potentius, sit omne posse esse, nec est alia omnium, quae sunt, causa nisi ipsum posse esse. Est enim res, quia ipsum posse esse est; et est hoc et non aliud, quia summa aequalitas est; et est una, quia summa unio est. Hinc nihil se offert visui mentis in omnibus et per omnia nisi quo nihil potentius. Non enim ille visus res appetit multas et varias, quoniam ad multa et varia non inclinatur, sed naturaliter ad id fertur, quo nihil potentius, in cuius visione vivit et quiescit.

Et quoniam potentia, qua nihil potentius, est virtus maxime unita, hinc unitatem ipsam nominat, qua nihil potentius. Res vero, quae esse possunt, numeros appellat. Obiectum vero visus mentis est unitas omnipotens invariabilis et immultiplicabilis, non numerus, cum in numero nihil sit, quod videre cupiat, nisi ipsa unitas, quae est omne id, quod omnis numerus est et esse aut explicare potest. Respicit enim, quid in omni numero numeratur, et non ad numerum. Nihil autem in quocumque et qualitercumque magno aut parvo, pari aut impari numero esse potest quam virtus illa, qua nihil potentius, quae unitas dicitur. Non est igitur obiectum visus mentis aliud quam posse, quo nihil potentius, cum illud sine sui mutatione solum possit esse omnia et sit etiam, sine quo nihil esse potest. Quomodo enim quidquam esset sine ipso posse, quando esse non posset? Et si sine ipso aliquid esse posset, utique sine ipso posse posset. 46

das Können selbst, im Vergleich zu dem es nichts Mächtigeres gibt[5]. Da dieses alles ist, was sein kann[6], ist es auch alle Dinge, die sein können, ohne Veränderung seiner selbst, ohne Vermehrung oder Verringerung[7]. Da also alle Dinge nur das sind, was sie sein können, und das Können, im Vergleich zu dem es nichts Mächtigeres gibt, Alles-Können-Sein[8] ist, gibt es für alles, was ist, keinen anderen Grund als das Können-Sein selbst[9]. Denn ein Ding ist, weil das Können-Sein selbst ist[10]; und ein Ding ist dieses und nichts anderes, weil die höchste Gleichheit ist; und es ist eines, weil die höchste Einigung ist. Daher bietet sich in allem und durch alles nichts anderes der Schau des Geistes dar als das, im Vergleich zu dem es nichts Mächtigeres gibt[11]. Denn jene Schau strebt nicht nach vielen und verschiedenen Dingen, da sie sich nicht zum Vielen und Verschiedenen hinneigt, sondern von Natur aus auf das geht, im Vergleich zu dem es nichts Mächtigeres gibt, in dessen Anschauung sie lebt und zur Ruhe kommt.

46 Und weil die Macht, im Vergleich zu der es nichts Mächtigeres gibt, die im höchsten Grade geeinte Kraft ist[12], nennt die Schau des Geistes sie die Einheit selbst, im Vergleich zu der es nichts Mächtigeres gibt. Die Dinge aber, die sein können, nennt sie Zahlen[13]. Gegenstand der geistigen Schau aber ist die allmächtige Einheit, die unveränderlich ist und nicht vervielfältigt werden kann, nicht die Zahl[14], da es in der Zahl nichts gibt, was sie zu schauen begehrte, als die Einheit selbst, die alles das ist, was jede Zahl ist und sein oder ausfalten kann[15]. Denn sie schaut auf das, was in jeder Zahl gezählt wird, und nicht auf die Zahl. Nichts kann aber in jeder beliebig großen oder kleinen, gleichen oder ungleichen Zahl sein als jene Kraft, im Vergleich zu der es nichts Mächtigeres gibt, welche die Einheit genannt wird[16]. Also ist Gegenstand der geistigen Schau nichts anderes als das Können, im Vergleich zu dem es nichts Mächtigeres gibt, da nur dieses allein ohne Veränderung seiner selbst alles sein kann und auch das ist, ohne das nichts sein kann[17]. Denn wie sollte irgend etwas ohne das Können selbst sein, wenn es nicht sein könnte? Und wenn ohne jenes etwas sein könnte, dann könnte es durchaus können ohne jenes[18].

Obiectum autem sensus visus res aliqua est sensibilis, 47
quae, cum non sit nisi ipsum, quod esse potest, non est nisi idem obiectum visus mentis, non ut in se, quemadmodum se menti, sed ut in signo sensibili, quemadmodum se sensibili visui obicit. Quia igitur ipsum posse, quo nihil potentius, vult posse videri, hinc ob hoc omnia. Et haec est causa causarum et finalis, cur omnia, ad quam omnes rerum causae in esse et nosci ordinantur.

Et sic claudo brevissimam compendiosissimamque directionem, quam mundiores acutiorisque visus subtilius contemplantes clarius dilatabunt ad laudem cunctipotentis semper benedicti.

47 Gegenstand des sinnlichen Sehens aber ist irgendein sinnenfälliges Ding. Da es nur das ist, was es sein kann, ist es nur derselbe Gegenstand der geistigen Schau, nicht wie er in sich ist, wie er sich dem Geiste darbietet, sondern wie er im sinnenfälligen Zeichen ist, wie er sich dem sinnlichen Sehen darbietet[19]. Weil also das Können selbst, im Vergleich zu dem es nichts Mächtigeres gibt, will, daß es geschaut werden kann, deshalb ist alles wegen ihm[20]. Und dies ist der Grund der Gründe und der Zweckgrund[21], weshalb alles ist. Auf ihn sind alle Gründe der Dinge in ihrem Sein und Erkanntwerden hingeordnet[22].

Und so beschließe ich diese sehr kurze und stark zusammenfassende Anleitung. Menschen, die reiner sind und schärfer zu sehen vermögen und genauer betrachten, werden sie in klarerer Weise weiter ausführen zum Lobe des Allmächtigen, der immer gepriesen sei.

ANMERKUNGEN

Kapitel 1

[1] Vgl. De docta ign. I 1 n. 2: „Für die gesichertste Wahrheit aber dürfen wir ohne Zweifel diejenige halten, der kein Mensch zu widersprechen vermag, dessen Geist gesund ist" (Übersetzung von Wilpert); der gleiche Gedanke liegt vor De mente 15 n. 159 und De venatione sap. 15 n. 42.

[2] Daß Eines nicht so, wie es in sich selbst ist, in Vielem sein kann, wird De venatione sap. 22 und 23 nn. 64–70 ausführlich erörtert.

[3] Die Priorität des Seins gegenüber dem Erkennen (vgl. Aristoteles Kategorien 7 b 23 ff.) charakterisiert Thomas von Aquin (De veritate I 1) mit dem Satz: „Entitas rei praecedit rationem veritatis". Für Thomas ist die Wesenheit der materiellen Seienden das eigentümliche Objekt der geistigen Erkenntnis, d. h. die materiellen Seienden sind für die Erkenntnis offen. Bei Nikolaus von Kues dagegen bedeutet die Priorität des Seins mehr, wie aus dem unmittelbar folgenden Satz erkenntlich ist: Die Seinsweise ist durch kein Erkenntnisvermögen faßbar, weil sie jeder Erkenntnis vorausliegt. Nicht das Seiende selbst, sondern seine Zeichen und Bilder sind Gegenstand unserer Erkenntnis. Vgl. auch Anm. 6.

[4] In De docta ign. II 7 n. 130 unterscheidet Nikolaus vier allgemeine Weisen des Seins: a) Gott als die absolute Notwendigkeit, b) die Notwendigkeit der Verknüpfung, in welcher „sich die in sich wahren Formen der Dinge mit ihrer Verschiedenheit voneinander und ihrer natürlichen Ordnung" befinden, c) die Dinge in bestimmter Möglichkeit als tatsächlich dieses oder jenes, d) die absolute Möglichkeit. (Zur Quellenfrage vgl. Die belehrte Unwissenheit Buch II, übers. v. P. Wilpert, S. 124 f. Anm. 82). Anders werden die vier Seinsweisen in De coniecturis II 9 gefaßt; vgl. hierzu J. Koch, Die Ars coniecturalis des Nikolaus von Kues (Arbeitsgemeinschaft für Forschung des Landes Nordrhein-Westfalen Heft 16), Köln-Opladen, 1956, S. 33 u. Anm. 60). Drei Seinsweisen werden in De beryllo n. 36 genannt. Zu vergleichen ist außerdem De ludo globi II n. 118; De princ. n. 39; De apice theoriae n. 15: Gott als Können selbst erscheint in verschiedenen Seinsweisen; De venatione sap. 26 n. 78: Der Übergang von der Potenz zum Akt ist Übergang von einer Seinsweise in eine andere. Im Compendium wird der modus essendi allgemein gefaßt, verschiedene Seinsweisen werden nicht genannt. Dem modus essendi steht gegenüber der modus cognoscendi. Die Worte „in irgendeiner Weise des Erkennens" weisen

darauf hin, daß es verschiedene modi cognoscendi gibt (Sinne, Vorstellungskraft, Vernunft). Keiner dieser modi cognoscendi dringt vor zu einer Wesenserkenntnis des modus essendi.

5 sensus, imaginatio, intellectus: Während in anderen Schriften, vornehmlich in De coniecturis, scharf zwischen ratio und intellectus unterschieden wird, ist im Compendium diese Unterscheidung aufgegeben. Festgehalten wird aber immer daran, daß jedem menschlichen Erkennen ein Zugang zum Wesen der Dinge versagt ist (vgl. z. B. De coni. I 11 n. 57: „Du siehst nun, daß die bejahenden Aussagen der Weisen Mutmaßungen sind"; Mutmaßung ist „positive Aussage, die an der Wahrheit, wie sie ist, in Andersheit teilhat"; a.a.O.).

6 Hier tritt Nikolaus in offenen Gegensatz zu einer Erkenntnislehre, für welche die extramentalen Seienden selbst Gegenstand der Erkenntnis werden können. Nach Thomas von Aquin z. B. ist das, was erkannt wird, das Ding selbst (vgl. S. th. I q. 85 a. 2); das Erkenntnisbild (die species) ist nur das Erkenntnismittel. Nach Nikolaus dagegen wird nicht das Ding selbst erkannt, sondern nur dessen Bild oder Zeichen; das Ding selbst bleibt unerkannt. Vgl. auch Anm. 3.

7 Vgl. z. B. De docta ign. I 3 n. 10: „Die Wesenheit der Dinge, welche die Wahrheit der Seienden ist, ist also in ihrer Reinheit unerreichbar"; „der Geist also, der nicht die Wahrheit ist, erfaßt die Wahrheit niemals so genau, daß sie nicht ins Unendliche immer genauer erfaßt werden könnte"; De coni. I 11 n. 55; II 5 n. 97. De venatione sap. 12 n. 31: „Weil alles, das gewußt wird, besser und vollkommener gewußt werden kann, wird nichts so gewußt, wie es gewußt werden kann". Zusätzliche Belege bietet die kritische Ausgabe des Compendium.

8 Vgl. Aristoteles Met. α 1, 993b 9–11: „Wie sich nämlich die Augen der Fledermäuse gegen das Tageslicht verhalten, so verhält sich der Geist in unserer Seele zu dem, was seiner Natur nach unter allen am offenbarsten ist".

9 Vgl. De docta ign. II Prol. n. 90: „Wir müssen also über unser Begreifen hinaus in einer Art Unwissenheit wissend sein, um uns – da wir die Genauigkeit der Wahrheit, so wie sie ist, nicht fassen können – wenigstens soweit führen zu lassen, daß wir die Existenz der Wahrheit erkennen …".

10 Vgl. De apice theoriae n. 8: „… Beachte, daß in jeder Farbe und in jedem Sichtbaren keine andere Hypostase ist als das Licht, das verschieden in den verschiedenen Seinsweisen der Farben erscheint …".

11 Vgl. Aristoteles De sensu et sensato 3, 439 b 11; De anima II 7, 418 b 3ff.; De quaerendo deum n. 34: „Die Farbe ist nichts anderes als die Grenze des Lichtes im Durchsichtigen".

12 Vgl. 1 Tim. 6, 16: „Gott wohnt in unzugänglichem Licht".

13 Zur Lichtsymbolik des Nikolaus von Kues vgl. J. Koch, Über die Lichtsymbolik im Bereich der Philosophie und der Mystik des Mittelalters, Studium generale 13. Jahrg. Heft 11, 1960, S. 668f. De venatione sap. 39 n. 124 werden außer Platon, dessen Sonnengleichnis Nikolaus aus direkter Lektüre kannte, (vgl. Codex Cusanus 178 f. 132r) Ps.-Dionys und Gregor von Nazianz als Gewährsmänner genannt.

Kapitel 2

1 meliori modo quo fieri potest hat nach G. von Bredow (Mitteilungen und Forschungsbeiträge der Cusanus-Gesellschaft 6, 1967, S. 21–26) nicht superlative Bedeutung, sondern der Sinn dieser Worte sei „besser im Vergleich zu einem weniger Guten, das unter ähnlichen kontingenten Bedingungen aktuell sein könnte". Es ist nicht zu bestreiten, daß meliori modo quo fieri potest bei Nikolaus von Kues sehr oft und auch an der vorliegenden Stelle verstanden werden muß als das unter diesen und ähnlichen Bedingungen Bestmögliche oder möglichst Vollkommene. Daß meliori modo quo fieri potest hier diesen Sinn hat, ergibt sich schon daraus, daß keine menschliche Erkenntnis so genau ist, daß sie nicht noch genauer sein könnte (vgl. Compendium n. 11; J. Koch, Die Ars coniecturalis S. 36ff.). In ähnlicher Weise sind Formulierungen wie „quanto praecisius potes" (Comp. n. 28) zu verstehen (zur Konstruktion vgl. auch Albertus Magnus am Schluß des Politikkommentares: „... opiniones Peripateticorum quanto fidelius potui exposui"). Indessen bezeichnet die Formel „meliori modo quo" nicht immer das relativ Beste im Vergleich zu einem weniger Guten, sondern bisweilen meint sie das im geschöpflichen Bereich überhaupt erreichbar Beste, das freilich immer noch ein relatives optimum im Vergleich zum absoluten optimum ist, so z. B. De dato patris luminum n. 93: „Omne datum optimum et omne donum perfectum desursum est. Nam si omne id quod est in tantum se bonum esse aestimat, ut non aliud quam id ipsum semper esse meliori quidem modo quo hoc suae naturae patitur condicio exoptet, tunc omnis vis illa, quae se esse cognoscit ab optimo, optime esse cognoscit ... quia ab optimo maximo magistro, cui nemo altior, sortitum est esse suum, omne id quod est quiescit in specifica natura sua ut in optima ab optimo". Besonders zu beachten ist De pace fidei n. 47: „(Christus) pro veritate dedit vitam huius mundi, ut sic ... daret se libere in redemptionem pro multis et faceret omnia meliori modo quo fieri possent, quod homines assequerentur fidem salvationis ...". Hier kann „meliori modo quo fieri possent" nicht wiedergegeben werden mit „besser im Vergleich zu einem weniger Guten, das unter ähnlichen kontingenten Bedingungen aktuell sein könnte", sondern nur als „bestmöglich" oder „möglichst vollkommen", wie der Kontext zeigt.

[2] Vgl. die gleiche Begründung bei Thomas von Aquin S. th. I q. 78 a. 1; außerdem Aristoteles De anima III 12, 434 a 22 ff.

[3] Vgl. De docta ign. II 12 n. 166 und De ludo globi II n. 119.

[4] Vgl. Augustinus De doctrina christiana II 4 (CSEL LXXX 34, 25 f.): „Denn auch der Hahn ruft die Henne, damit sie herbeieile, wenn er Futter gefunden hat ....“.

[5] Vgl. Sermo 213 n. 12 ff. (Cusanus-Texte I 2–5 S. 94 ff.). Hugo von St. Victor (Didascalicon II 20) zählt sieben handwerkliche Künste auf: Webkunst, Herstellung von Rüstung und Waffen, Schifffahrt, Ackerbau, Jagd, Medizin, Theaterkunst (vgl. auch Alpharabi De ortu scientiarum (Beiträge XIX 3, 20, 23–28); Dominicus Gundissalinus De divisione philosophiae (Beiträge IV 2–3, 20, 11–19); Bonaventura De reductione artium ad theologiam 2 beruft sich in seiner Aufzählung auf Hugo von St. Victor. – Die Medizin wurde seit etwa 1150 zur Wissenschaft und erscheint bei Dominicus Gundissalinus als Art der Gattung Naturphilosophie (vgl. J. Koch, Von der Bildung der Antike zur Wissenschaft des Mittelalters, Die Höhere Schule 5, 1952, S. 98 f.). Vgl. auch Thomas von Aquin, Expositio super librum Boethii De trinitate q. 5 a. 1 ad 5. Die sieben freien Künste sind: Grammatik, Rhetorik, Dialektik (Trivium); Arithmetik, Geometrie, Astronomie und Musik (Quadrivium); (vgl. auch De ludo globi II n. 93).

[6] Die virtutes theologicae oder „göttlichen“ Tugenden sind Glaube, Hoffnung und Liebe nach 1 Kor. 13, 13.

[7] Aristoteles Met. A 1, 980 a 21: „Alle Menschen streben von Natur nach Wissen“ (Übersetzung von Bonitz).

[8] Den in diesem Kapitel erörterten sinnenfälligen Zeichen treten später die Vernunftzeichen gegenüber; vgl. nn. 10. 18. 23.

[9] Zur Unterscheidung „von Natur aus“ – „Setzung“ vgl. Aristoteles De interpretatione 16 a 19 κατὰ συνθήκην; 26 f. κατὰ συνθήκην ... φύσει. Nikolaus hat die gleiche Einteilung wie Augustinus De doctrina christiana II 2: „Signorum igitur alia sunt naturalia, alia data“.

[10] Unter den natürlichen Zeichen versteht Nikolaus sowohl die species (das Erkenntnisbild als Zeichen des Gegenstandes) als auch die natürlichen Ausdrücke menschlicher Affekte, d. h. die „signa manifestativa“, zu denen nach Augustinus De doctrina christiana II 1 nicht nur die Ausdrücke von Affekten gerechnet werden müssen, sondern alle natürlichen Zeichen (ausgenommen die Erkenntnisbilder als Zeichen des Gegenstandes) wie z. B. der Rauch als Zeichen des Feuers und die Spur im Sand als Zeichen des vorbeigegangenen Sinnenwesens. Vgl. auch Thomas In Peri herm. I l. 2 n. 8, I 13 b.

Kapitel 3

[1] Zu diesem Kapitel vgl. die Ausführungen in De filiatione dei 4 n. 74 und besonders De venatione sap. 33.

[2] „Adam, das heißt des Menschen": Vgl. De venatione sap. 33 n. 98: „primus Adam seu homo dictus". Vgl. Hieronymus, Liber interpret. Hebr. nom. ed. P. de Lagarde, CCSL 72, 1959, S. 60, 17.

[3] Die Auffassung, daß alle menschlichen Sprachen von der Ursprache Adams abgeleitet sind, beruht auf Genesis 11,1: „Erat autem terra labii unius et sermonum eorundem". Die Vielheit der Sprachen kam nach dem biblischen Bericht anläßlich des Turmbaus zu Babel zustande (Genesis 11,3–9). Zu vergleichen ist auch Augustinus, Sermo 266 n. 2: „Ein einziger Mensch war Zeichen der Einheit; alle Sprachen waren in einem Menschen".

[4] Genesis 2,19–20. Gott führte „alle Tiere des Feldes und alle Vögel des Himmels" zu Adam, damit er sie benenne.

[5] Nikolaus bezieht sich (ebenso De possest n. 37) auf das Pfingstwunder (Actus apostolorum 2,4–11). Manche Kirchenlehrer waren der Meinung, daß die Apostel am Pfingstfest auf wunderbare Weise die Kenntnis der Sprachen aller Völker gewannen, denen sie später predigen sollten; vgl. z. B. Thomas von Aquin S. th. II–II q. 176 a. 1 ad 2: „Dicendum quod quamvis utrumque fieri potuisset, scilicet quod per unam linguam loquentes ab omnibus intelligerentur aut quod omnibus linguis loquerentur, tamen convenientius fuit quod ipsi omnibus linguis loquerentur …".

[6] Daß den Worten die erste und grundlegende Bezeichnungsfunktion zukommt, sagt Augustinus ausdrücklich; vgl. De doctrina christ. II 6: „Verba enim prorsus inter homines obtinuerunt principatum significandi quaecumque animo concipiuntur, si ea quisque prodere velit".

[7] Vgl. Aristoteles Politik I 2, 1253 a 9–15 und Thomas De reg. princ. I 1.

[8] Vgl. Augustinus De doctrina christ. II 8 (CSEL LXXX 35, 25–28): „Sed quia verberato aëre statim transeunt nec diutius manent quam sonant, instituta sunt per litteras signa verborum. Ita voces oculis ostenduntur, non per se ipsas, sed per signa quaedam sua". Vgl. auch Thomas von Aquin In Peri herm. I l. 2 n. 2.

Kapitel 4

[1] Vgl. Aristoteles De anima II 7, 418 a 31 – b 1. – Der Anlage nach (habitu): Aristoteles Met. Δ 12, 1019 a 26 ff. rechnet die ἕξις zur δύναμις. Das kann der Grund dafür sein, daß Comp. n. 8 habitus gleichbedeutend ist mit potentia.

[2] Vgl. Aristoteles De sensu et sensato 1, 437 a 7: „Alle Körper haben Anteil an der Farbe“; De anima II 7, 418 b 2–3: „Deshalb ist sie (die Farbe) nicht sichtbar ohne Licht, sondern jede Farbe eines jeden wird im Lichte gesehen“; II 8, 420 a 27f.

[3] Vgl. die in Anm. 2 zitierten Stellen aus De anima: Ohne Licht sind die Farben nicht sichtbar.

[4] „Ton“ entspricht hier dem aristotelischen ψόφος; vgl. De an. II 8, 419 b 4ff.

[5] Vgl. Comp. nn. 1. 11. 13. 31; De docta ign. III 1 n. 188; De genesi n. 149: „idem est immultiplicabile“; De venatione sap. 22 n. 65.

[6] Vgl. Aristoteles De anima II 7, 419 a 17–20; ferner Meister Eckhart In Ioh. n. 25 (LW III 20,8 und Anm. 3).

[7] Das Zurückbleiben der Bezeichnungen der Zeichen in der Vorstellungskraft als Gedächtnis: Vgl. Aristoteles De anima III 2, 425 b 24f. und De memoria et reminiscentia 1, 450 a 25–32

[8] Vgl. Aristoteles De anima III 3, 428 b 11–12; Thomas von Aquin S. th. I q. 78 a. 4: „Est enim phantasia sive imaginatio quasi thesaurus quidam formarum per sensum acceptarum“.

[9] Vgl. De coniecturis II n. 100: „Einem Blinden nämlich kann die Genauigkeit der Farbe, wie sie durch den Gesichtssinn aufgenommen wird, durch keine Rede mitgeteilt werden“; II n. 157: „Ein Blinder nämlich erreicht die sinnlich wahrnehmbare Farbe nicht“. Honorius Augustodunensis De cogn. verae vitae 36 (PL 40, 1025); Thomas von Aquin S. th. I q. 84 a. 3; q. 111 a. 3 ad 1 und 2.

[10] Vgl. Aristoteles De anima III 2, 425 b 22. Anders in De deo abscondito n. 14: „... ad hoc, ut omnem colorem libere attingere possit, centrum visus sine colore est. In regione igitur coloris non reperitur visus, quia sine colore est“. De quaerendo deum 1 n. 20: „Non habet igitur visus colorem, quia non est de regione colorum“. Hierzu vgl. De anima II 7, 418 b 26f. Vgl. auch Meister Eckhart Sermo 8 n. 93 (LW IV 88,6); Quaest. Par. I n. 12 (LW V 47,15).

[11] Mit Bewegung, Ruhe, groß oder klein bezieht sich Nikolaus auf die sogenannten sensibilia communia. Vgl. auch n. 17 und Kap. 6 Anm. 6.

[12] Die Form, die das Sein verleiht: Vgl. De dato patris luminum 2 n. 98: „Forma autem dat esse“. Quellennachweise in der kritischen Ausgabe der Heidelberger Akademie der Wissenschaften Bd. 4, Anm. zu De dato patris luminum n. 98, 2–12 und 98, 5. – Zum Text: E.-W. Platzeck, Antonianum 42, 1967, S. 302 interpretiert die vorliegende Stelle wie folgt: „Solus homo signum quaerit ab omni materiali connotatione absolutum penitusque formale, simplicem formam rei, quae dat esse repraesentans ... – Ceterum mihi videtur, quod virgula inter ‚esse‘ et ‚repraesentans‘ in editione tolli debet, quia signum formale ut forma rei, quae dat esse, non dat esse verum et naturale sed solum esse repraesentans. Utique est quoque signum repraesentans, sed hoc (tò esse signum) habet adhuc in com-

muni cum signo sensibili et cum signo phantastico". Diese Interpretation trifft jedoch den Sinn der Stelle nicht. Das Zeichen, das allein der Mensch sucht, ist nicht die einfache Form eines Dinges, die das „esse repraesentans" verleiht, sondern das gesuchte Zeichen stellt die „simplicem formam rei, quae dat esse" dar. Menschliches Wissen nämlich bewegt sich nur im Bereich der Zeichen; daher muß der Mensch ein Zeichen suchen, das die Form, welche das Sein verleiht, repräsentiert. Das gesuchte Zeichen ist aber nicht identisch mit der forma quae dat esse, sondern stellt sie dar. Deshalb muß das Komma zwischen „esse" und „repraesentans" stehen. Würde es beseitigt, dann ergäbe sich eine fehlerhafte Deutung.

Kapitel 5

1 Vgl. Aristoteles Physik I 1, 184 a 21.

2 Vgl. Thomas von Aquin S. th. I q. 85 a. 3: „... unde philosophus dicit in 1. Phys. (vgl. Anm. 1) quod sunt primo nobis manifesta et certa confusa magis; posterius autem cognoscimus distinguendo distincte principia et elementa"; a.a.O.: „Nam prius secundum sensum diiudicamus magis commune quam minus commune et secundum locum et secundum tempus"; es folgen Beispiele.

3 Vgl. Anm. 5 zu Kapitel 4.

4 Da jedes Zeichen immer noch vollkommener sein kann, ist jede menschliche Erkenntnis der extramentalen Welt Annäherung an die Wahrheit; die Wahrheit jedoch wird nie erreicht. Die Schrift De coniecturis lehrt dasselbe mit größerer Ausführlichkeit; vgl. J. Koch, Die Ars coniecturalis S. 36 ff.

5 Das Einzelseiende als cognoscibile oder sensibile per accidens: Vgl. Aristoteles De anima II 6, 418 a 20 und III 1, 425 a 21 – b 4; ferner z. B. Thomas von Aquin S. th. I q. 17 a. 2.

6 Vgl. z. B. Thomas von Aquin, Expositio super librum Boethii De trinitate q. 5 a. 3 (Decker S. 184, 14): „Unde quantitas potest intelligi in materia subiecta, antequam intelligantur in ea qualitates sensibiles, a quibus dicitur materia sensibilis".

7 Vgl. Kapitel 4 Anm. 5.

8 Über den Unterschied zwischen formenden und einformenden Formen vgl. Comp. n. 35.

9 Vgl. oben n. 3.

10 Vgl. De docta ign. I 3 n. 9: „Aus all diesem ergibt sich, daß sich nicht zwei oder mehr so ähnliche und gleiche Dinge finden, daß sich ihre Ähnlichkeit nicht ins Unendliche steigern ließe" (Übersetzung von Wilpert).

Kapitel 6

[1] Nach Aristoteles De anima III 1, 425 a 10f. hat der Maulwurf unter der Haut Augen, vgl. auch Hist. an. IV 8, 533 a 3. Anders Vergil Georg. I 183. Vgl. auch Seneca Quaest. nat. III 16, 5: „... pleraque ex his caeca ut talpae et subterranei mures, quibus deest lumen, quia supervacuum est".

[2] Die Vorstellungskraft beurteilt Zuträgliches und Abträgliches: Nach Avicenna De anima IV 1 f. 17va–17vb ist die vis aestimativa, auf die Nikolaus hier anspielt, das vierte Vermögen der inneren Sinne; vgl. auch Thomas von Aquin S. th. I q. 78 a. 4; Comment. in De anima II l. 13 n. 397. Für die vorliegende Stelle ist wichtig Albertus Magnus Summa de homine q. 39 a. 3 solutio: „Dicendum quod aestimativa et phantasia operantur in eodem organo; aestimativa enim nihil aliud est quam extensio phantasiae in praxim, sicut etiam intellectus speculativus extendendo se fit practicus".

[3] Vgl. Aristoteles Categ. 4, 1 b 25–27. Zu den anderen Stellen im Corpus Aristotelicum vgl. den Index von Bonitz. Vgl. De docta ign. II 6 n. 124; De dato patris luminum 2 n. 101; De mente n. 135; De ludo globi n. 93.

[4] Gemeint sind die fünf Prädikabilien genus, species, differentia specifica, proprium und accidens. Vgl. Porphyrios Isagoge 1–22, lat. 26–51; ferner De ludo globi II n. 93; De mente n. 108.133.

[5] Die vier Kardinaltugenden (prudentia, fortitudo, temperantia und iustitia) finden sich bereits bei Platon (vgl. Staat IV 441 c ff.) und sind aus der Antike in die christliche Tradition eingedrungen. Thomas S. th. I–II q. 61 a. 1 sed contra, a. 2 sed contra und a. 3 sed contra bezieht sich auf Ambrosius, Gregor den Großen und Cicero. Auch das Weisheitsbuch des Alten Testamentes (Sap. 8, 7) nennt eine Vierzahl („sobrietatem enim et prudentiam docet et iustitiam et virtutem").

[6] Vgl. n. 10. Fünf der sogenannten „sensibilia communia" nennt Aristoteles De anima II 6, 418 a 17–20: „Bewegung, Ruhe, Zahl, Gestalt und Größe"; III 1, 425 a 14–30; III 3, 428 b 22–24. De sensu et sensato 1, 437 a 3–9 schreibt Aristoteles die Wahrnehmung der sensibilia communia hauptsächlich dem Gesichtssinn zu; genannt werden Gestalt, Größe, Bewegung, Zahl; a.a.O. 5, 442 b 5–7 werden Größe, Gestalt, Rauhes, Glattes, Spitzes und Stumpfes als sensibilia communia aufgezählt; wahrgenommen werden sie „wenn nicht durch alle Sinne, dann doch durch Gesichtssinn und Tastsinn". Die Zeit als sensibile commune: vgl. De memoria et reminiscentia 1, 450 a 9–10. Vgl. ferner Thomas von Aquin Comm. in De anima II l. 13 n. 386; III l. 1 n. 575ff.; S. th. I q. 78 a. 3 ad 2; Bonaventura Itinerarium mentis in deum 2 u. 3: „... sensibilia communia, quae sunt numerus, magnitudo, figura, quies et motus"; Meister Eckhart Sermo 10 n. 107 (LW IV 101, 9).

[7] Über die Bedeutung des Gesichtssinnes bei der Erfassung der sensibilia communia vgl. Anm. 6.

[8] Die neun aufgezählten sensibilia communia sind nach der Lehre des Nikolaus von Kues offenbar Gegenstand des sensus communis, eine Theorie, die Thomas von Aquin Comm. in De anima II l. 13 n. 389–391 ablehnt. Vgl. Aristoteles De anima III 1, 425 a 27; Avicenna De anima IV 1 f. 17^{rb-va}; De quaerendo deum 1 n. 24 und die Anmerkung zu n. 24,3 in der kritischen Ausgabe.

[9] Vgl. De ludo globi I n. 28: „Anima est vis inventiva artium et scientiarum novarum". – Die vorliegende Stelle Comp. n. 17 könnte den Anschein erwecken, daß Nikolaus von Kues hier eine Art Abstraktionslehre vertrete. Gestützt werden könnte diese Auffassung durch Stellen wie Comp. n. 18: „Der Mensch vermag also durch die Kraft seiner Vernunft, die natürlichen Erkenntnisbilder zusammenzusetzen und zu trennen und aus ihnen Erkenntnisbilder und Erkenntniszeichen der Vernunft ... zu schaffen"; ferner durch De docta ign. II 6 n. 125 f. und 9 n. 150: Der Intellekt läßt das Allgemeine durch Abstraktion außerhalb der Dinge sein; der Intellekt abstrahiert. Indessen wird im Compendium keine Abstraktionstheorie geboten, vgl. n. 20: „Das Begreifen aber, durch das der Geist sich selbst begreift, ist das vom Geist gezeugte Wort, nämlich die Erkenntnis seiner selbst"; n. 22–23 das Beispiel vom Kartographen (der Mensch schafft die „Landkarte" seiner Erkenntnisse wie Gott die Welt schafft); n. 36: „Die Vernunft nämlich hängt von nichts ab, damit sie das geistig Erkennbare erkenne, und bedarf keines anderen von ihr Verschiedenen als Werkzeug, da sie der Ursprung ihrer Tätigkeiten ist". Die Wahrnehmungsinhalte sind für die Vernunft Anlaß, ihre eigenen Erkenntnisbilder und Vernunftzeichen zu schaffen, allerdings nicht durch die Tätigkeit eines intellectus agens, der aus den Phantasmen die Wesenheiten abstrahieren könnte. Die in De docta ign. (vgl. oben) noch vertretene Abstraktionslehre wird in De coniecturis stillschweigend aufgegeben (vgl. J. Koch, Die Ars coniecturalis S. 31 ff.). De mente n. 77: Das Wahrnehmungsmaterial übt einen erregenden Anstoß auf die Begriffsbildung aus; De mente n. 85. Damit steht Nikolaus im Compendium ebenso wie schon in De coniecturis den Denkern nahe, welche sich in der Theorie der Erkenntnis (die den intellectus agens beseitigt) der augustinischen Erkenntnislehre mehr anschließen als der aristotelischen (Durandus de St. Porciano z. B. bezieht sich zur Begründung der Erkenntnislehre, welche vom intellectus agens absieht, auf Augustinus De musica.).

[10] Vgl. Sermo 213 n. 12 (ed. J. Koch, Cusanus-Texte I 2–5, 94, 23–27); Thomas von Aquin De veritate q. 14 a. 10 ad 5; S. c. gent. III 22; De reg. princ. I 1; S. th. I q. 91 a. 3 ad 2; I–II q. 5 a. 5 ad 1.

[11] Vgl. Comp. n. 23. Zum Wortlaut (speculator divinorum) vgl. z. B. Bonaventura Itinerarium II 7: „... speculari possumus deum nostrum"; 11: „... ad speculandum deum".

[12] Die vier letzten sittlichen Eigenschaften betreffen die in n. 16 erwähnten Kardinaltugenden.

[13] Vgl. Comp. n. 2 und Kap. 2 Anm. 5.

[14] Vgl. De ludo globi I n. 28; n. 94: „Creat anima sua inventione nova instrumenta ut discernat et noscat"; De beryllo c. 2. – Der Ausdruck „optische Täuschung" in der folgenden Zeile wurde der Übersetzung Gabriel – Dupré entnommen.

[15] Vgl. n. 17 und Anm. 10.

[16] Vgl. unten n. 25.

[17] Vgl. Avicenna De an. IV 1 f. 17va; Thomas von Aquin S. th. I q. 78 a. 4: „Avicenna vero ponit quintam potentiam mediam inter aestimativam et imaginativam, quae componit et dividit formas imaginatas ... Sed ista operatio non apparet in aliis animalibus ab homine, in quo ad hoc sufficit virtus imaginativa".

[18] Vgl. De ludo globi II n. 92 ff. – „Kunst" (ars, artificialis) ist nicht in eigentlicher Bedeutung zu verstehen; gemeint ist mit ars (und artificialis) sowohl die Kunst im eigentlichen Sinne als auch die Technik (vgl. auch De beryllo Kap. 6: Der Mensch ist Schöpfer der formae artificiales; diese formae artificiales umfassen Kunst und Technik).

[19] Vgl. De ludo globi I n. 31; De princ. n. 1: „pro exercitatione intellectus"; De aequalitate n. 3 p II 1 f. 15[v]: „Volentes autem cum fide intrare in evangelium et modum mysterii qualitercumque secundum humani ingenii vires concipere, necesse est ut habeant exercitatum intellectum maxime circa abstractiones et animae nostrae vires"; n. 43 f. 20[r].

Kapitel 7

[1] Bewegung ist nach der Lehre des Aristoteles (vgl. Physik III 1, 201 a 10–11) actus existentis in potentia, in quantum est in potentia. Natur ist nach Aristoteles (vgl. Physik II 1, 192 b 21–23) principium motus et quietis in eo in quo est per se et non per accidens. Daher ist die Natur „gewissermaßen die Einfaltung von allem, was auf Grund von Bewegung wird" (De docta ign. II 10 n. 153; vgl. Johannes von Salisbury De septem septenis 7, PL 199, 960 C; 961 C; 962 A), so daß „durch das Erkenntnisbild" der Bewegung der gesamte „Wechsel der Naturdinge" begreifbar ist.

[2] Über die gewaltsame Bewegung vgl. Aristoteles Nik. Eth. III 1, 1110 a 1–3: „Gewaltsam ist ein Vorgang, dessen bewegendes Prinzip von außen her eingreift, und zwar so, daß bei seinem Einwirken die handelnde oder die erleidende Person in keiner Weise mitwirkt" (Übersetzung von Dirlmeier).

[3] Vgl. Aristoteles Physik II 1, 192 b 21–32; Met. Δ 4, 1014 b 16–1015 a 19, besonders 1015 a 13ff.

[4] Gemeint ist Raymundus Lullus, dessen Schriften in den Codices Cusani 81–88 der Bibliothek des Nikolaus von Kues erhalten sind.

[5] Gemeint ist der Evangelist Johannes mit seinem auf Christus bezogenen Logos-Begriff (vgl. Joh. 1,1 ff.).

[6] Vgl. Ps. 32 (33) 6: „Verbo domini caeli formati sunt"; De filiatione dei 2 n. 58 und Anm. 3 der kritischen Ausgabe.

[7] Vgl. zum vorhergehenden Satz De visione dei n. 40; De possest n. 38: „Das Wort Gottes ist das Begreifen seiner selbst und des Universums". – Das Wort, ohne das nichts geworden ist: Joh. 1,3: „… sine ipso factum est nihil quod factum est." Das Wort als Licht: Joh.1,9.

[8] Über die Gleichheit vgl. unten n. 30ff.; De venatione sap. 23 nn. 68–70; De aequalitate n. 34 p II 1 f. 19 rv; zusätzliche Verweise bietet die kritische Ausgabe.

[9] Die Luft ist ein sensibile per accidens, vgl. Anm. 10; De quaerendo deum 1 n. 19ff.

[10] Über sensibile per accidens vgl. Kap. 5 Anm. 5. Die Luft als sensibile per accidens: vgl. Aristoteles De anima II 7, 418 b 4–7.

[11] Vgl. De docta ign. II 8 n. 134.

[12] Vgl. De docta ign. II 8 n. 134. Augustinus De Genesi contra Manichaeos I 5: „Primo ergo materia facta est confusa et informis … quod credo a Graecis chaos appellari". Thierry v. Chartres Tractatus n. 24; Lectiones II 10; Glossa II 18.

[13] Möglichkeit oder Werdenkönnen: Vgl. De venatione sap. 6 n. 14 – 7 n. 18; 13 nn. 34–38; De ludo globi I n. 44ff.

[14] Vgl. Aristoteles De anima II 8, 419 b 18; 420 a 11.

[15] Vgl. Aristoteles De anima II 8, 419 b 19.

[16] Vgl. De docta ign. III 5 n. 210f.; De filiatione dei 4 nn. 73–75; De aequalitate n. 33f. p II 1 f. 19 r; De ludo globi I n. 44; De apice theoriae n. 21: Das lautliche Wort ist Offenbarung des geistigen Wortes. Vgl. auch Augustinus De trinitate XV 10f. nn. 17–20; Meister Eckhart In Ioh. n. 132 (LW III 114,2 und Anm.); Sermo 12,1 n. 123 (LW IV 118,1 und Anm. 1). Über die ewige Zeugung des Wortes in Gott vgl. Nikolaus von Kues Sermo 16 (Cusanus-Texte I 1, 22, 6–30,4).

[17] Vgl. De mente n. 72; De coni. I 1 n. 5 und Anm.

[18] „Musen": Vgl. Isidor von Spanien Etym. III 15; Dominicus Gundissalinus De divisione philosophiae (Beiträge IV 2–3, 100, 16–23). Vgl. de genesi 4 n. 167: Die Beweger (motores) der Luftröhre, der Zunge, der Lippen und des Unterkiefers werden von den Dichtern Musen genannt.

[19] Alle Geschöpfe sind demnach „Zeichen der Offenbarung des gezeugten Wortes". Entsprechend dem Vergleich gibt es Ge-

schöpfe, die „Offenbarungen des inneren Wortes sind", während andere, den motores arteriarum usw. entsprechend, ihnen „zu deren Ziel dienen". Vgl. auch Meister Eckhart Predigten (hrsg. v. Fr. Pfeiffer, Leipzig 1857) 22 (92,39): „Alle crêatûren sint ein sprechen gotes".

Kapitel 8

1 Als Quelle für das Gleichnis vom Kosmographen kommen Augustinus, Johannes Eriugena und Bonaventura in Frage. Augustinus vergleicht in den Confessiones X 6 n. 9 die Sinne mit Boten, welche der urteilenden Vernunft Bericht erstatten (vgl. De Genesi ad litteram VII 8). Hierzu vgl. Cicero leg. 1, 26, Tusc. 1, 46. Johannes Eriugena De divisione naturae II 23 (PL 122, 569D–570A) vergleicht die Sinne mit Toren einer Stadt. Bonaventura Itinerarium 2 nn. 2.3.4.6: Der Makrokosmos gelangt durch die Tore der fünf Sinne in die menschliche Seele, d.h. in den Mikrokosmos (minor mundus). In De mente n. 114 vergleicht Nikolaus die Sinne mit „Fenstern und Wegen".

2 Vgl. Avicenna Met. IX 7 f. 107 ra: Die Vollendung der vernunftbegabten Seele besteht darin, „ut ... describatur in ea forma totius". Meister Eckhart zitiert diese Stelle, vgl. In Gen. I n. 115 (LW I 270, 13–271,1); Sermo 11,1 n. 112; 55,4 n. 550 (LW IV 106,1; 460,9–461,10). Zu vergleichen ist auch Thomas von Aquin De ver. q. 2 a. 2: Die höchste Vollendung, zu welcher die Seele nach der Lehre der Philosophen gelangen kann, besteht darin, „ut in ea describatur totus ordo universi et causarum eius".

3 Über die Landkarte des Nikolaus von Kues vgl. S. Ruge, Ein Jubiläum der dtsch. Kartographie, Globus 60 (1891) S. 4ff.; E. König, Konrad Peutinger und die sogenannte Karte des Nikolaus von Cues, Festschrift der Görresgesellschaft für G. v. Hertling 1913, S. 337ff.; D. B. Durand, The Vienna-Klosterneuburg Map. Corpus of the Fifteenth Century, Leiden 1952, 252–269; E. Meuthen, Peter von Erkelenz, Zeitschrift des Aachener Geschichtsvereins 84/85 (1977/78) S. 707f.

4 anterioriter: Zum Wortgebrauch vgl. De non aliud 15 (XIII 39, 38). Als Synonyma werden verwendet prioriter, De docta ign. II 4 n. 116; 5 n. 122; De sapientia II n. 35, und antecedenter, De docta ign. I 19 n. 57f.

5 Der Gedanke, daß die Wahrheit im Bild aufscheint, findet sich oft in den Schriften des Nikolaus von Kues; vgl. z.B. De docta ign. II 3 n. 111; De mente n. 85; De ludo globi II n. 118. – „Im Zeichen den Bezeichneten": Vgl. De ludo globi a.a.O. Diese Auffassung dürfte zurückgehen auf den Römerbrief 1,20: „Invisibilia enim ipsius a creatura mundi per ea quae facta sunt intellecta conspiciuntur"; vgl. z.B. Bonaventura Itinerarium 2 n. 11: „per signa ad

signata" und a.a.O. n. 12: „Significant autem huiusmodi creaturae huius mundi sensibilis invisibilia dei".

6 Vgl. unten n. 33; Epistula ad Nicolaum Albergati nn. 5–7 (Cusanus-Texte IV 3, 28, 3–18 und die Anmerkungen dazu); a.a.O. n. 18 (32, 27–33); De filiatione dei 6 n. 86; De sap. I n. 18.25; in De mente ist die mens humana „einfachstes Bild des göttlichen Geistes" (n. 74); De pace fidei 4 n.12; De apice theoriae n. 24. An diesen Stellen ist der menschliche Geist als die imago oder similitudo des göttlichen Geistes bezeichnet. Im Compendium dagegen ist die mens das erste Zeichen des Schöpfers (n. 23) oder der Gleichheit (n. 33).

7 Das ewige Licht: Vgl. die Communio der Totenmesse („Lux aeterna luceat eis"); Gott als das ewige Licht: Vgl. z. B. Bonaventura Itinerarium II n. 7.

8 „Allem Scharfsinn geistiger Schau unzugänglich": Vgl. 1 Tim. 6,16: „... lucem inhabitat inaccessibilem".

9 Daß Gott unbegreiflich ist, ist für Nikolaus von Kues wie für die anderen christlichen Denker eine Selbstverständlichkeit; vgl. z. B. De docta ign. I 4 n. 12; De venatione sap. 12 n. 31: „deus ... non potest fieri comprehensibilis"; De non aliud 8 (XIII 1, 18,1–3): „incomprehensibiliter comprehenditur incognoscibiliterque cognoscitur, sicut invisibiliter videtur".

10 Vgl. die Anmerkung zu n. 24,5 in der kritischen Ausgabe.

11 Joh. 1,5: „Et lux in tenebris lucet, et tenebrae eam non comprehenderunt".

12 Das Spiegelgleichnis bietet Nikolaus von Kues mehrmals. Vgl. De docta ign. II 2 nn. 102. 103; 3 n. 111; De filiatione dei 3 nn. 65–67. Das Spiegelgleichnis stammt von Plotin (Enn. I 1, 8, 17; III 6, 13, 43ff.) und gelangte über Augustinus (En. in Ps. 10 n. 11; 11 n. 2) ins Mittelalter. Vgl. Macrobius, Comm. 1, 14, 15; Thierry von Chartres Commentum II n. 48, Clarenbaldus von Arras Tractatus s. librum Boethii De trinitate II 60, 8ff. (Häring S. 130); Ps.-Beda De mundi constitutione (PL 90, 902 D); Meister Eckhart Sermo V 1 n. 32 (LW IV 35, 5–15 und Anmerkungen). Die Quelle des Cusanus ist Proklos, In Parm. IV (Cousin 839f.); cod. Cus. 186 fol. 48rf. Vgl. De beryllo Anm. 58,6.

Kapitel 9

1 Vgl. De coniecturis II 4 n. 91: „Ita quidem alia videmus ut simplices litteras elementa, alia ut syllabas, alia ut dictiones, elementatum autem oratio est"; vgl. auch a.a.O. n. 95 und 96. Aristoteles Met. Δ 2, 1013 b 17–21: „Denn die Sprachelemente sind für die Silben ... Ursachen, insofern sie das sind, woraus etwas wird" (Übersetzung von Bonitz); gleichlautend in Physik II 3, 195 a 16–19;

Met. a.a.O. 3, 1014 a 26–30; Z 17, 1041 b 11–33; H 3, 1043 b 4f.; De arte poetica 20, 1456 b 20–34; Thomas von Aquin Comm. in Peri herm. I l. 2 n. 7: „... secundum quod sunt in scriptura, dicantur litterae, secundum autem quod sunt in prolatione, dicantur elementa vocis".

2 Buchstaben, Silben, Wörter, Rede: Vgl. Anm. 1 und außerdem Platon, Tim. 48 BC, hierzu Chalcidius (276,8–10); Martianus Capella De nuptiis Phil. et Merc. III 231: „Oratio vero ipsa tribus gradibus eruditur, id est ex litteris, syllabis et verbis". Anstelle von „verba" verwenden lateinische Grammatiker das Wort „dictio", vgl. z. B. Priscian Inst. gramm. XVII 3 (III 108, 23–109, 3). Platon Philebos 18 BC; Martianus Capella a.a.O. 258; Isidor von Spanien Etym. I 4 nn. 4. 9; Meister Eckhart In Exod. n. 152 (LW II 136,14 und Anm.). Nikolaus von Kues De genesi 4 n. 165: elementa, syllabae, dictiones, oratio; Comp. n. 18: litterae, syllabae, dictiones, orationes.

3 Zur Jagdmetapher vgl. De venatione sapientiae, h XII adn. 1; ferner De ludo globi I n. 7.

4 Menschliches Denken ist in Andersheit Nachahmung der Schöpfertätigkeit Gottes; vgl. K. Bormann, Zur Frage nach der Seinserkenntnis in dem wahrscheinlich letzten philosophisch-theologischen Werk des Nikolaus von Kues, dem „Compendium", Archiv für Geschichte der Philosophie 50, 1968, S. 183f.

5 Aristoteles Physik II 2, 194 a 21f.: „Die Kunst ahmt die Natur nach"; a.a.O. 199 a 15–17: Nachahmung und Vervollständigung der Natur zeichnen die Kunst aus. Vgl. auch Seneca ep. morales 65,3. Nikolaus selbst erörtert das Verhältnis von Natur und Kunst in De coniecturis II 12 nn. 131–133 in einem besonderen Kapitel (De natura et arte). Zu vergleichen ist auch De docta ign. II 1 n. 94: „Ars enim naturam imitatur quantum potest"; De ludo globi I n. 7; Sermo 213 n. 27 (Cusanus-Texte I, 2–5, 112,24 und Anm.).

6 Vgl. Aristoteles Met. A 1, 981 a 5–7: „Die Kunst entsteht dann, wenn sich aus vielen durch die Erfahrung gegebenen Gedanken eine allgemeine Annahme über das Ähnliche bildet" (Übersetzung von Bonitz). – „Die der Wissenschaft dienenden Weisen" (otiosi sapientes): Die sapientes sind frei von Berufsarbeiten und können deshalb als otiosi der Wissenschaft dienen, vgl. Aristoteles Met. A 1, 981 b 20 – 982 a 3.

7 Zur Verdeutlichung hinzugefügt, ebenso wie in n. 28 ⟨geschriebenen⟩.

8 Vgl. De staticis experimentis n. 192; De mente n. 92; De ludo globi II n. 90. An den beiden letztgenannten Stellen sieht Nikolaus den Grund für die musikalische Harmonie im richtigen Zahlenverhältnis. Boethius De musica I 10; Macrobius Comm. in somn. Scip. II 1, 8–13; Adelard von Bath De eodem et diverso (Beiträge IV 1, 1906, 27, 17.20–25; 100).

[9] Vgl. oben die Anmerkungen 5 und 6. – „Quam praesupponit, quia causam eius propter quid ignorat“: Vgl. Arist. Met. A 1, 981 a 28–30. Vgl. auch De filiatione dei 2 n. 57: „Est autem magisterium transumptio scientiae particularium in universalem artem“ etc.

Kapitel 10

[1] Vgl. De venatione sap. 33 n. 98: „... in diffinitione, quae est vocabuli explicatio, scientiae lumen affirmavit“.

[2] Zum Begriffspaar „complicatio – explicatio“ (vgl. n. 30) vgl. De docta ign. II 9 (I 92,16–19 u. Anm.).

[3] Vgl. die Anmerkung in der kritischen Ausgabe (zu n. 28,8–14 und 28,12).

[4] Man ist zunächst versucht, an die Schrift De principio (Über den Ursprung, übers. v. M. Feigl, Heidelberg 1949) zu denken. Tatsächlich aber hat diese Schrift mit den im Compendium Kap. 10 vorgetragenen Gedanken kaum Berührungspunkte. Dagegen entsprechen die Ausführungen in diesem Kapitel über das Können dem, was Nikolaus in der im Frühsommer 1464 verfaßten Schrift De apice theoriae über das posse darlegt. Daher dürfte es wahrscheinlich sein, daß die im ersten Satz von n. 29 erwähnte „Betrachtung ... über die Art der Ursprungserkenntnis“ auf De apice theoriae verweist, wenngleich das Wort „Ursprung“ selten verwendet wird. Für die Datierung des Compendium ergibt sich hieraus mit einiger Wahrscheinlichkeit, daß es etwa zur gleichen Zeit wie De apice theoriae geschrieben wurde. – Ausführlich erörtert Nikolaus den „Ursprung“ in De possest n. 44ff. Aber was dort vorgebracht wird, kann nicht als Parallele zu Comp. Kap. 10 angesehen werden.

[5] Vgl. De apice theoriae n. 5.

[6] Vgl. unten n. 30: „In seiner Gleichheit zeigt sich das Können als im höchsten Grade mächtig. Denn aus sich die Gleichheit seiner selbst zeugen zu können, bedeutet ein Höchstmaß an Macht“.

[7] Vgl. De ludo globi II n. 82ff.: Gott eint alles in sich.

[8] Der Ternar „posse, aequale, unum“ (durch „simile“ zum Quaternar erweitert) ist eine Umbildung des in den früheren Schriften vorkommenden Ternars „unitas, aequalitas, conexio“. Dieser geht zurück auf Augustinus De doct. christ. I 12 (CSEL LXXX 11,6ff.) und wird besonders von der Schule von Chartres übernommen; vgl. den Apparat zu De docta ign. I 7 (I 15,2f.); 8 (17,3–5); 9 (18,26) und die a.a.O. 19,9–11 angegebenen Parallelen in den Schriften des Nikolaus von Kues.

[9] Vgl. De docta ign. II 7 n. 128: „Nichts scheint dem Können vorherzugehen. Wie sollte denn auch etwas sein, wenn es nicht hätte sein können“; ähnlich De apice theoriae n. 4.13.19.

[10] Vgl. De apice theoriae n. 19: „Non est nisi quod esse potest“.

11 Vgl. De ludo globi I n. 45 ff.; De apice theoriae n. 6.

12 Vgl. De docta ign. II 4 n. 113: „Gott … geht in absoluter Weise dem Verschiedenen und Entgegengesetzten, wie z. B. den kontradiktorischen Gegensätzen, zwischen denen es kein Mittleres gibt, voraus und einigt es". Während aber in der Schrift De docta ign. Gott die Koinzidenz der Gegensätze ist, wird in De coniecturis gelehrt, daß Gott jenseits des Zusammenfalles der Gegensätze steht. Compendium n. 29: „Est enim ante esse et non esse" muß in derselben Weise verstanden werden. Vgl. auch J. Koch, Die Ars coniecturalis S. 45 f.

13 Vgl. De docta ign. I 6 n. 15: „Außerdem könnte nichts sein, wenn das schlechthin Größte nicht wäre … Es muß also ein schlechthin Größtes geben, ohne das nichts sein kann"; n. 16: „Es läßt sich also nichts als seiend denken ohne das Größte"; De apice theoriae n. 5 ff. und die in der kritischen Ausgabe des Compendium zu n. 29,14–15 angegebenen Stellen.

14 Zu „complicatio – explicatio" vgl. oben Anm. 2.

15 Vgl. De aequalitate n. 38 p II 1 f. 19v: Das Gleiche verhält sich auf ein und dieselbe Weise.

16 Potentia enim seu virtus unita fortior est: Meister Eckhart In Ioh. n. 718: „Virtus enim unita fortior est". Vgl. De docta ign. I 21 n. 63: „Unde eius potentia cum sit unissima, est et fortissima et infinitissima"; De principio n. 8; De ludo globi II n. 86: „… deus … est vis maxime unita et simplex". Liber de causis XVI (XVII): „Omnis virtus unita plus est infinita quam virtus multiplicata".

17 Vgl. oben Anm. 2. Daß Gott die Einfaltung von allem ist und alles ausfaltet, lehrt Nikolaus von Kues immer; vgl. z. B. De docta ign. II 3 n. 107.

18 Wie die Scholastiker (vgl. z. B. Albertus Magnus Met. IX tr. 4 c. 1; Thomas von Aquin S. th. I q. 2 a. 3 secunda via; Johannes Duns Scotus De primo principio Kap. 2 concl. 1: „Quia nulla omnino res essentialem ordinem habet ad se") lehnt Nikolaus von Kues die Möglichkeit einer causa sui ab; vgl. De docta ign. II 9 n. 141: „… nichts kann sich selbst in die Wirklichkeit hervorbringen, weil es sonst Ursache seiner selbst wäre"; De venatione sap. 7 n. 17. Vgl. auch Aristoteles Met. Θ 8, 1049 b 24 ff.

19 Vgl. De docta ign. II 4 n. 112 Überschrift: „… universum … est similitudo absoluti"; De dato patris luminum 2 n. 99: „Talis autem receptio cum sit cadens a veritate se communicantis ad similitudinem et imaginem vergit"; De genesi 1 n. 149: „… sancti creaturam dei dixerunt similitudinem et imaginem"; De beryllo n. 14: „… omnia creabilia non sunt nisi similitudo"; n. 26.

20 Vgl. oben n. 1. Im Bereich des Endlichen gibt es keine völlige Gleichheit der Dinge untereinander; vgl. De docta ign. I 3 n. 9; 17 n. 49; II 11 n. 156; De aequalitate n. 35 (p II 1 f. 19r und 19v).

21 Vgl. die Anmerkung der kritischen Ausgabe zu n. 32,5; Mei-

ster Eckhart In Ioh. nn. 26.123 (LW III 21,4; 107,8 u. Anmerkungen).

[22] Vgl. oben n. 10.

[23] Seins- und Erkenntnisform aller Dinge: Vgl. die Anmerkung zu n. 24,5 in der kritischen Ausgabe; De aequalitate n. 34 p II 1 f. 19r: „... cum ratio aequalitatis sit forma essendi".

[24] Vgl. die Ausführungen in n. 24 über die Seinsform.

[25] Vgl. De apice theoriae n. 24: „Was der Geist sieht, ist Intelligibles und Früheres als das Sinnenfällige. Der Geist sieht also sich, und da er sieht, daß sein Können nicht das Können jedes Könnens ist, da ihm vieles unmöglich ist, deshalb sieht er, daß er nicht das Können selbst, sondern ein Bild des Könnens selbst ist. Da er also in seinem Können das Können selbst sieht und nur sein eigenes Seinkönnen ist, so sieht er, daß er eine Weise der Erscheinung des Könnens selbst ist. Und eben dieses sieht er auf ähnliche Weise in allem, was ist. Alles also, was der Geist sieht, sind Weisen der Erscheinung des unzerstörbaren Könnens selbst".

[26] Vgl. oben n. 23.

[27] Vgl. Ps. 4,7: „Signatum est super nos lumen vultus tui, domine".

[28] Vgl. n. 17; De aequalitate n. 35 p II 1 f. 19v.

[29] Vgl. Matth. 7,12: „Alles also, was ihr wollt, daß euch die Menschen tun, das tut auch ihnen"; Luc. 6,31; Sermo 18 n. 39 (Cusanus-Texte I 6, 79,17 und Anm.). De aequalitate n. 36 p II 1 f. 19v: „quod tibi vis fieri, alteri fac" als Regel der Gleichheit. Die negative Formulierung bietet De docta ign. III 6 n. 216: „... ne quis faciat alteri quod sibi fieri nollet"; vgl. Tobias 4,16.

[30] Vgl. De venatione sap. 1 nn. 2–5: Die Weisheit ist Nahrung des Intellekts; De ludo globi I n. 58: Die unvergänglichen Tugenden sind die geistige Speise der unvergänglichen Seele.

[31] Vgl. oben n. 2.

[32] Platons Sonnengleichnis (Politeia VI 508 a ff.) wirkte bekanntlich auf den Neuplatonismus in hohem Grade ein. In das Mittelalter gelangte die Lichtsymbolik durch Ps.-Dionys. Zum Bild der Sonne, die „das strahlende Abbild der göttlichen Güte" ist, vgl. Ps.-Dionys De divinis nominibus IV 4. Vgl. auch J. Koch, Über die Lichtsymbolik im Bereich der Philosophie und der Mystik des Mittelalters, Studium Generale 13. Jahrg. Heft 11, 1960, 653 ff.

[33] Vgl. De apice theoriae n. 8: „Respicias igitur ad lucem sensibilem, sine qua non potest esse sensibilis visio, et attende ... quod luce subtracta nec color nec visibile nec visus manere potest."

[34] Vgl. oben n. 2; De aequalitate nn. 36–37 p II 1 f. 19v: „Et ita vides penitus nihil posse subsistere nisi in aequalitate. In omnibus enim quae sunt, quatenus sunt, relucet aequalitatis ratio".

[35] Vgl. De aequalitate n. 40 p II 1 f. 20r: „... sublata aequalitate nihil intelligitur ...". – Die beiden Wahrheitsdefinitionen: Die

Formel, Wahrheit sei aequatio (oder adaequatio) rei et intellectus, wird Isaak Israeli zugeschrieben (vgl. Thomas von Aquin De veritate q. 1 a. 1; S. th. q. 16 a. 2 arg. 2), jedoch wurde sie in den Schriften des Isaak Israeli bisher nicht gefunden; vgl. I. T. Muckle, Isaac Israeli's Definition of Truth, AHDLMA 8, 1933, 5–8. Vgl. auch Avicenna Met. I g (f. 74 rv). Über Averroes vgl. die Ausgabe der Summa theologica des Alexander Halensis, S. th. I 142 n. 2. Wahrheit wird auch De aequalitate n. 37 p II 1 f. 19v als adaequatio rei et intellectus bestimmt; ähnlich in De venatione sap. 36 n. 106. – Wahrheit als adaequatio rei ad intellectum: Vgl. Robert Grosseteste De veritate (ed. L. Baur, Beiträge IX 134,17 ff.); Johannes Gerson De duplici logica (Glorieux III 58,21 f.).

36 Vgl. De aequalitate n. 36 p II 1 f. 19v: „Neque est quicquam verum nisi in quantum participat aequalitatis unitatem seu rationem". Vgl. auch Anm. 34 und 35.

Kapitel 11

1 Vgl. De beryllo n. 24: Die sinnliche Erkenntnis erweist sich als „similitudo intellectus"; a.a.O.: Die Seele als „similitudo intellectus sentit libere". In De venatione sap. 36 n. 106 führt Nikolaus die Auffassung, das Sinnenfällige sei „similitudo" des Wahren, weil es Bild des Intelligibeln sei, auf Ps.-Dionys und Platon zurück; vgl. auch a.a.O. 37 n. 109. In De coniecturis II 16 nn. 155–170 bietet Nikolaus ein langes Kapitel „Über die menschliche Seele". Es lassen sich aber nur sehr wenige Beziehungen zwischen diesem Kapitel und dem Compendium feststellen.

2 Die formae informantes et formae formantes wurden in n. 14 erwähnt; vgl. Anm. 8 zu Kap. 5.

3 Die Vernunft als Ursprung der auf ein Ziel gerichteten Tätigkeiten: Vgl. De ludo globi I n. 35: Die Natur wird durch die Vernunftkraft bewegt. Vgl. Aristoteles Met. A 3, 984 b 15–18: „Wie also jemand erklärte, daß Vernunft wie in den lebenden Wesen so auch in der Natur die Ursache aller Schönheit und aller Ordnung sei, da erschien er gegen die Früheren wie ein Nüchterner gegen Irreredende" (Übersetzung von Bonitz); vgl. Physik VIII 5, 256 b 24–27. Vgl. auch Liber de causis VIII (IX) 82: „Intelligentia est princeps rerum quae sunt sub ea et retinens eas et regens eas, sicut natura regit res quae sunt sub ea per virtutem intelligentiae. Et similiter intelligentia regit naturam per virtutem divinam". Zu vergleichen ist auch Meister Eckhart In Gen. I n. 6 (LW I 189, 9–13): „Intellectus enim est principium totius naturae". – Das Werk der Natur ist ein Werk der Vernunftkraft: Meister Eckhart Q. Paris. I n. 5 (LW V 42,3): „Dicimus enim omnes quod opus naturae est opus intelligentiae"; Nikolaus von Kues schreibt De docta ign. II 9 n. 147 diese

Lehre den Peripatetikern zu: „Trotz ihrer Lehre vom Werk der Natur als Werk einer Vernunft lassen die Peripatetiker …". Vgl. Aristoteles Physik II 6, 198 a 10–13; Thomas von Aquin Sent. I d. 35 q. 1 a. 1; II d. 25 q. 1 a. 1; De pot. q. 1 a. 5. – quodlibet est vel non est: Vgl. De venatione sapientiae n. 38,7 und Anm.

Kapitel 12

1 Vgl. die Ausführungen über die Gleichheit in n. 19 und 30; außer der Anm. 8 des Kapitels 7 sind zu vergleichen De aequalitate n. 38 p II 1 f. 19v; De ludo globi II n. 82.

2 Nikolaus verweist hier auf seine Schrift De ludo globi. Das Verhältnis der Kugel zur Bewegung wird erörtert I n. 21.

3 Vgl. oben n. 34; De aequalitate nn. 35. 36. 38. 40; ferner De coniecturis II 17 n. 173ff.

Kapitel 13

1 Die Erörterung des ersten Ursprungs beginnt in n. 29. Jetzt erfolgt bis n. 43 die psychologische Grundlegung der Theorie.

2 Vgl. oben n. 19.

3 Vgl. De mente 5 n. 85.

4 Spiritus sensitivus (sinnenhafter Geist): Vgl. De coniecturis II 16 n. 164 über den spiritus visivus; De mente 8 n. 112ff.; Witelo Perspectiva III 4 (Beiträge III 2, 135,17): „… spiritum visibilem …".

5 Daß Wahrnehmen ein gewisses Erleiden ist, sagt schon Aristoteles De anima I 5, 410 a 25; 11, 424 a 1. Nikolaus betont aber, daß Wahrnehmen nicht nur Erleiden ist; vgl. n. 35.

6 Die Begründung „da es auf den Körper einwirkt" erfolgt auf Grund des Prinzips, daß das Wirkende von höherem Rang ist als das Erleidende. Vgl. Aristoteles De anima III 5, 430 a 18: „Immer nämlich ist das Wirkende edler als das Erleidende"; Augustinus De Gen. ad litt. XII 16: „Nec sane putandum est facere aliquid corpus in spiritu, tamquam spiritus corpori facienti materiae vice subdatur. Omni enim modo praestantior est qui facit ea re, de qua aliquid facit; neque ullo modo spiritu praestantius est corpus, immo perspicuo modo spiritus corpore; vgl. auch De musica VI 4 n. 7; 5 n. 8; Thomas von Aquin Sent. IV d. 1 q. 1 a. 4. arg. 3; De veritate q. 27 a. 4 arg. 11; S. th. III q. 62 a. 1 arg. 2; Meister Eckhart Collatio in libros Sententiarum n. 3 (LW V 20,4).

7 Die Bedeutung der Aufmerksamkeit in der Erkenntnis: Vgl. De coniecturis II 16 n. 157; De quaerendo deum 2 n. 33; De visione dei 22 n. 98; De ludo globi II n. 103; Comp. n. 41. Die Funktion der Aufmerksamkeit in der Erkenntnis wurde vornehmlich von Augu-

stinus gesehen, vgl. De trinitate XI 8 n. 15: „Ita et ambulantes intenta in aliud voluntate nesciunt qua transierint“ usw.

8 Vgl. oben n. 35 über die sinnenhafte Seele als Ähnlichkeit oder Bild der Intelligenz.

9 Vgl. De coniecturis II 16 n. 170; Aristoteles De sensu et sensato 3,439 a 18 – b 8; De anima II 7, 418 a 26 ff.

10 Daß in der Sinneswahrnehmung eine Entstofflichung erfolgt, lehrt Aristoteles; vgl. De anima II 12, 424 a 17–19; III 2, 425 b 23 f.; 8, 431 b 28–30; 432 a 9 f.

11 Die gänzlich farblose Oberfläche ihres Durchsichtigen: Vgl. De quaerendo deum 1 n. 20: Damit der Gesichtssinn alle Farben wahrnehmen kann, ist er selbst ohne jede Farbe; De venatione sap. 6 n. 15; Aristoteles De anima II 7, 418 b 26–28; Meister Eckhart Sermo 8 n. 93 (LW IV 88,6 und Anm.).

12 Vgl. oben Anm. 7

13 Vgl. Augustinus De fide et symbolo 10 n. 23: Der Mensch besteht aus Geist, Seele und Körper. Nikolaus zitiert diese Stelle De concordantia cath. I 4 n. 23; vgl. auch a.a.O. I 6 n. 34.

14 Vgl. De quaerendo deum 2 n. 33; n. 35 über die Funktion des unterscheidenden Geistes in der Wahrnehmung; De mente 5 n. 82 ff.; De ludo globi II n. 90; De coniecturis I 8 n. 32: „... sensus ut sic non negat, negare enim discretionis est; tantum enim affirmat sensibile esse, sed non hoc aut illud“; a.a.O. n. 33; 11 n. 57; II 14 n. 140; 16 n. 157; De venatione sap. 22 n. 67. Vgl. Boethius De musica I 9. – Zum Folgenden (Jenes Licht ... wird von oben gegeben): vgl. oben n. 33.

15 Vgl. De docta ign. II 13 n. 177: Gott ist das Licht, in dem es keine Dunkelheit gibt. „Diese unterscheidende und durchdringende Helligkeit ist gleichsam in immaterieller Weise eingeschränkt im Leben derer, die ein geistiges Leben leben‘; De quaerendo deum 2 f. nn. 35–38; über die Relation aller geschaffenen Seienden zum göttlichen Licht vgl. De venatione sap. 6 n. 14 f.

16 Tierkreis oder Lebenskreis: Circulus vitae soll offenbar Übersetzung von zodiacus (Tierkreis) sein, wobei die erste Silbe von ζωή (Leben) statt von ζῷον abgeleitet ist (vgl. De staticis experimentis n. 186 und die Übersetzung von Menzel S. 38 u. S. 75 Anm. 83). – Der Tierkreis ist in Comp. n. 43 eine Parallele zu der „animalitas“, der Sinnenwesenhaftigkeit, die der Erleuchtung durch das nicht sinnenfällige Licht bedarf. – Der Vergleich des Himmels mit dem Glas war ganz im Sinne der alten Astronomie, welche den Himmel als eine gläserne Hohlkugel auffaßte. Über die astronomischen Vorstellungen des Nikolaus informieren die Kapitel 11 und 12 des zweiten Buches De docta ign. und die Textseite in Cod. Cus. 211 f. 55v; abgedruckt als Anhang zu E. Hoffmann, Das Universum des N. v. C. von R. Klibansky (CST. I S. 41–45). Die astronomischen Lehren, die als Quelle für die Astronomie des Nikolaus von Kues

in Betracht kommen, sind in den Anmerkungen der Ausgaben von Klibansky und Wilpert angegeben.

17 Was bisher erörtert wurde, ist – einschließlich der Logosspekulation in Kap. 7 und den Ausführungen über den ersten Ursprung in Kap. 10 – das Ergebnis der Vernunfterkenntnis. Der eigentliche Glaubensbereich wurde bisher im Compendium nicht berührt.

Schluß

1 In Frage kommen vor allem De coniecturis, De quaerendo deum, De mente, De beryllo, De aequalitate, De possest, De venatione sapientiae, De ludo globi und De apice theoriae. Vgl. die Parallelverweise in den Anmerkungen.

2 In De venatione sap. 12–19 nn. 31–55 gibt Nikolaus von Kues einen Rückblick über seine philosophische Entwicklung, die ihn immer wieder neue Namen für den ersten Ursprung finden läßt. Seine Entwicklung vom possest-Begriff zum „posse ipsum" begründet er in der Schrift De apice theoriae n. 4 ff. Die Entwicklung des Gottesbegriffes bei Nikolaus von Kues von De docta ignorantia bis zu De apice theoriae untersucht Joh. Uebinger, Die Gotteslehre des Nikolaus Cusanus, Münster–Paderborn 1888. Für die Gotteslehre ist besonders zu beachten R. Haubst, Die Bedeutung des Trinitätsgedankens bei Nikolaus von Kues, Trierer Theol. Zeitschrift 61, 1952 n. 1, 21–29; Das Bild des Einen und Dreieinen Gottes in der Welt nach Nikolaus von Kues, Trier 1952; Die Christologie des Nikolaus von Kues, Freiburg 1956. Das Philosophieren des Nikolaus von Kues ist eine unaufhörliche Denkbewegung, die sich in ständig neuem Ansatz um die Beschreibung des ersten Ursprungs bemüht. Ihn beschäftigt letztlich nur ein Grundproblem, dessen – von neuplatonischen Motiven entscheidend bestimmte – Untersuchung in wechselnden Formulierungen das tiefste Anliegen des cusanischen Philosophierens ist.

Epilog

1 Zum Wort „directio" (Anleitung) vgl. das Vorwort der Ausgabe des Werkes „Directio speculantis", XIII, S. VIII f.

2 Joh. 14,8. Diese Bibelstelle wird von Meister Eckhart oft angeführt und interpretiert, vgl. Pr. 13 (DW I 217,5 und 218 Anm. 1); In Ioh. nn. 546–576 (LW III).

3 Den Vater des Wortes: Vgl. oben n. 19 und 21. – Vater der Gleichheit: Vgl. oben n. 29; nn. 30–34. – Der Vater als das Können: Vgl. oben n. 29. Schon in De possest n. 48 wurde das uneingeschränkte Können mit dem allmächtigen Vater identifiziert: „Sed

cum christiani dicant aliam esse personam ipsius absoluti posse quam nominamus patrem omnipotentem …". Vgl. ferner De apice theoriae n. 15 und n. 28.

4 Vgl. n. 32. Dort wird die Gleichheit, durch die das Können alles macht, als Objekt jeder Erkenntnis bezeichmet. Vgl. auch De apice theoriae n. 14.

5 Vgl. oben n. 29.

6 Die Formel „deus (oder an der vorliegenden Stelle: ipsum posse) est omne, quod esse potest" hat im Werk des Nikolaus von Kues zwei Bedeutungen: a) Gott ist alles, was er sein kann, d. h. weil Gott alles actu ist, was er sein kann, fallen in ihm alle Gegensätze zusammen. Zu dieser Bedeutung vgl. P. Wilpert, Das Problem der coincidentia oppositorum in der Philosophie des Nikolaus von Cues, in: Humanismus, Mystik und Kunst in der Welt des Mittelalters, hrsg. von J. Koch (Studien und Texte zur Geistesgeschichte des Mittelalters, Bd. III), S. 39–55. b) Gott ist alles, was sein kann (vgl. Sermo 18 n. 14 Cusanus-Texte I 6, 40, 11: „Aber got allein is alles das da syn mach"; vgl. die Belege in der kritischen Ausgabe des Compendiums n. 45,7). Die Bedeutung dieser Aussage ist: Gott ist alles (vgl. z. B. De docta ign. I 2 n. 5) in der Weise der Einfaltung, aber so, daß er in der Weise der Ausfaltung nichts von allem ist (vgl. die Belege in der kritischen Ausgabe). Im Compendium n. 45 zeigt der Kontext, daß „Hoc cum sit omne, quod esse potest" bedeutet: Das Können selbst ist alles, was sein kann; deshalb ist es auch alle Dinge. – Zur Quellenfrage vgl. die kritische Ausgabe.

7 Vgl. n. 46: „… das Können, im Vergleich zu dem es nichts Mächtigeres gibt, da nur dieses allein ohne Veränderung seiner selbst alles sein kann …"; De docta ign. III 3 n. 201.

8 Diese Gleichsetzung des posse mit dem omne posse esse wird in der Schrift De apice theoriae nicht vorgenommen; vgl. n. 10: „Nec in his, quae aut sunt aut vivunt aut intelligunt, quicquam aliud videri potest quam posse ipsum, cuius posse esse, posse vivere et posse intelligere sunt manifestationes". Hier wird also unterschieden zwischen dem posse ipsum und dem posse esse und überhaupt einem bestimmten posse (vgl. n. 20: „Posse cum addito imago est ipsius posse … Ita posse esse est imago ipsius posse"), während im Compendium diese Differenzierung aufgehoben ist (vgl. auch De possest n. 16).

9 Das Können-Sein als Grund der Realität: Vgl. oben n. 29; De possest n. 16: „Denn wenn das Können-Sein nicht ist, ist nichts".

10 Vgl. die vorhergehende Anmerkung.

11 Vgl. die in Anmerkung 8 zitierte Stelle aus De apice theoriae.

12 Vgl. oben n. 30.

13 Die Dinge als Zahlen: Vgl. die Ausführungen des Aristoteles über die Pythagoreer Met. A 5, 985 b 23 ff.; Thierry von Chartres

Tractatus n. 36: „Die Erschaffung der Zahlen ist die Erschaffung der Dinge“.

[14] Vgl. De docta ign. I 5 n. 14: „Die Einheit kann aber nicht Zahl sein, denn die Zahl läßt ein Mehr oder Weniger zu und kann deshalb unmöglich ein schlechthin Kleinstes oder Größtes sein. Die Einheit ist vielmehr als Kleinstes Prinzip jeder Zahl, sie ist als Größtes Grenze jeder Zahl“ (Übersetzung von Wilpert). De possest n. 46: „Vides igitur primum principium unitrinum ante omnem numerum“; De apice theoriae n. 14: „Qui vero mundi et rerum novitatem affirmant, ad ipsius posse apparitionem mentem converterunt, quasi si quis ad posse unitatis visum mentis converteret, ille utique in omni numero et pluralitate non videret nisi posse ipsum unitatis quo nihil potentius, et videret omnem numerum non nisi apparitionem ipsius posse unitatis innumerabilis et infinibilis. Numeri enim nihil sunt nisi speciales modi apparitionis ipsius posse unitatis“. Daß es in Gott keine Zahl gibt und daß er selbst keine Zahl ist, lehrten vor allem die unter neuplatonischem Einfluß stehenden Theologen und Philosophen, vgl. z. B. Boethius De trinitate 2: „Quocirca hoc vere unum, in quo nullus numerus“; 3: „Deus vero a deo nullo differt ... Ubi vero nulla est differentia, nulla est omnino pluralitas, quare nec numerus, igitur unitas tantum“. Meister Eckhart Sermo 10 n. 104 (LW IV 99,9 f.): „Sic deus unus sine numero omni et super numerum“ (in einer a.a.O. im Apparat angegebenen Parallelstelle zitiert Eckhart Macrobius); n. 105 (100,1): „In deo enim non est numerus“, wofür acht Gründe angeführt werden (in einer a.a.O. im Apparat angegebenen Stelle wird Boethius zitiert).

[15] Vgl. oben n. 38; De docta ign. II 3 n. 105: „Die unendliche Einheit ist demnach die Einfaltung von allem ... wie die Einheit Einfaltung der Zahl ist ... wie sich in der Zahl, die die Einheit entfaltet (in numero explicante unitatem), nur die Einheit findet“; n. 108: „Die Zahl ist die Entfaltung der Einheit«; Apologia doctae ign. (II 17,26–18,3 und Anmerkung; 27,6–8); Sermo 18 n. 7 (Cusanus-Texte I 6, 30,10–15); Boethius, De institutione arithmetica I 3.

[16] Vgl. Apologia doctae ign. (II 16,24–17,2): Die Zahl ist „Entfaltung der Kraft der Einheit“.

[17] Vgl. oben n. 45 und die Anmerkungen 6 und 7.

[18] Vgl. oben n. 29.

[19] Vgl. oben n. 45 über den einen „Gegenstand des geistigen und des sinnlichen Sehens“.

[20] Vgl. De apice theoriae n. 11: „... omnia ad hoc ordinata ut mens ad posse ipsum, quod videt a remotis, currere possit et incomprehensibile meliori quo potest modo comprehendat ...“; n. 20; De beryllo n. 4: „Oportet te primum attendere unum esse primum principium ... a quo omnia in esse prodeunt, ut se ipsum manifestet“; n. 65: „.... praesuppositum est divinum intellectum omnia creasse ut se ipsum manifestet ...“; Sermo 16 (Cusanus-Texte I 1, 30,18):

„Deus creavit omnia propter se ipsum"; Epistula ad Nicolaum Albergati n. 8 (Cusanus-Texte IV 3, 26,16–21 und die Anmerkungen); Cribratio Alkorani II n. 133.

[21] Vgl. die in Anm. 20 zitierte Stelle aus der Epistula ad Nicolaum Albergati: „finis igitur creationis ipse est qui et principium". Über Gott als causa finalis vgl. die kritische Ausgabe, Anmerkung zu n. 47,6. – causa causarum: Seneca Quaest. nat. 2, 45, 2: „hic est ex quo suspensa sunt omnia, causa causarum"; Liber de causis XVII (XVIII) 148: „ens primum ... est causa causarum"; Thomas von Aquin S. th. I q. 5 a 2 ad 1: „... dicitur quod finis est causa causarum"; L. Baur, CT III 1 n. 153: „deus verissima causa causarum". Die nicht selten vorkommende Formulierung findet sich auch bei Cusanus mehrmals, vgl. z. B. De coniecturis I n. 19; De venatione sapientiae n. 19.120.

[22] Vgl. Aristoteles Physik II 3, 195 a 23–25; Thomas von Aquin zu dieser Stelle (lect. 5 n. 11): „est enim causa finalis aliarum causarum causa ...". Vgl. auch die Anmerkung zu n. 47,6 der kritischen Ausgabe. – Zum Folgenden („... diese kurze und stark zusammenfassende Anleitung"): Mit der „directio" (Anleitung) ist keineswegs das gesamte Compendium gemeint; directio bezieht sich nur auf den Epilog, vgl. n. 45.

VERZEICHNIS DER SIGLEN

AHDLMA	Archives d'Histoire Doctrinale et Littéraire du Moyen Age, Paris 1926 ff.
Beiträge (BGPhMa) (BGPhThMa)	Beiträge zur Geschichte der Philosophie des Mittelalters. Münster 1891 ff. Ab 1930: Beiträge zur Geschichte der Philosophie und Theologie des Mittelalters
CCSL	Corpus Christianorum, series Latina, Turnhout 1954 ff.
CSEL	Corpus scriptorum ecclesiasticorum Latinorum, ed. Academia Litterarum Caesarea Vindobonensis, Vindobonae 1866 ff.
CST	Cusanus-Studien I–VIII, Sitzungsberichte der Heidelberger Akademie der Wissenschaften, Phil.-hist. Klasse, Heidelberg 1930–1963
CT	Cusanus-Texte I–V, Sitzungsberichte der Heidelberger Akademie der Wissenschaften, Phil.-hist. Klasse, Heidelberg 1929–1960
DW	Meister Eckhart, Die deutschen Werke, hrsg. im Auftrag der Deutschen Forschungsgemeinschaft, Stuttgart–Berlin 1936 ff.
h	Nicolai de Cusa opera omnia iussu et auctoritate Academiae Litterarum Heidelbergensis ad codicum fidem edita, Leipzig–Hamburg 1932 ff.
LaW	Life and Works of Clarembald of Arras, A Twelfth-century Master of the School of Chartres, ed. N. M. Häring, Pontifical Institute of Mediaeval Studies, Studies and Texts X, Toronto 1965
LW	Meister Eckhart, Die lateinischen Werke, hrsg. im Auftrag der Deutschen Forschungsgemeinschaft, Stuttgart–Berlin 1936 ff.
MFCG	Mitteilungen und Forschungsbeiträge der Cusanus-Gesellschaft, Mainz 1961 ff.
p	Editio Parisina. Nicolai Cusae Cardinalis opera, Parisiis, apud Iod. Badium Ascensium 1514
PL	Patrologiae cursus completus, series Latina, accurante I. P. Migne, Paris 1844 ff.
Schriften	Nikolaus von Cues, Predigten 1430–1441, Deutsch von J. Sikora (†) und E. Bohnenstädt, Schriften des Nikolaus von Cues. Im Auftrage der Heidelberger Akademie der Wissenschaften hrsg. von E. Hoffmann, Heidelberg 1952

LITERATURNACHWEIS

1. *Schriften des Nikolaus von Kues*

APOLOGIA DOCTAE IGNORANTIAE, Opera omnia h II, ed. R. Klibansky, Leipzig 1932

COMPENDIUM, Opera omnia h XI 3, edd. B. Decker † – C. Bormann, Hamburg 1964
Straßburg 1488, II t6 r–v5 v; Nachdruck Berlin 1967, p. 443–454
Mailand (Cortemaggiore) 1502, fol. 321 r–29 v
Paris 1514, I fol. 169 r–174 r
Basel 1565, I p. 239–249

CRIBRATIO ALKORANI, Opera omnia h VIII. ed. L. Hagemann, Hamburg 1986

DE AEQUALITATE, Opera p II, Paris 1514, fol. 15 r–21 t

DE APICE THEORIAE, Opera omnia h XII, edd. R. Klibansky – J. G. Senger, Hamburg 1982

DIE HÖCHSTE STUFE DER BETRACHTUNG, übers. von H. G. Senger, Hamburg 1986

DE BERYLLO, Opera omnia h XI 1, edd. J. G. Senger – C. Bormann, Hamburg 1988
ÜBER DEN BERYLL, neu übers. von K. Bormann, Hamburg 3. Aufl. 1987

DE CONCORDANTIA CATHOLICA, Opera omnia h XIV 1–3, ed. G. Kallen, Hamburg 1959–1965

DE CONIECTURIS, Opera omnia h III, edd. J. Koch † – C. Bormann – J. G. Senger, Hamburg 1972

DE DATO PATRIS LUMINUM, Opera omnia h IV, ed. P. Wilpert, Hamburg 1959

DE DEO ABSCONDITO, Opera omnia h IV, ed. P. Wilpert, Hamburg 1959

DE DOCTA IGNORANTIA, edd. E. Hoffmann – R. Klibansky, Leipzig 1932
DIE BELEHRTE UNWISSENHEIT Buch I, übers. von P. Wilpert †, vierte, erweiterte Aufl. besorgt von H. G. Senger, Hamburg 1994

DE FILIATIONE DEI, Opera omnia h IV, ed. P. Wilpert, Hamburg 1959

DE GENESI, Opera omnia h IV, ed. P. Wilpert, Hamburg 1959

DE LUDO GLOBI, Opera omnia h IX, ed. J. G. Senger, Hamburg (voraussichtlich 1996)
VOM GLOBUSSPIEL, übers. von G. von Bredow, Hamburg ²1970

De pace fidei, ed. R. Klibansky – H. Bascour, Hamburg ²1970
De possest, Opera omnia h XI 2, ed. R. Steiger, Hamburg 1973
De principio, Opera omnia h X 2 b, edd. C. Bormann – A. D. Riemann, Hamburg 1988
Über den Ursprung, übers. von M. Feigl, Heidelberg ²1967
De quaerendo deum, Opera omnia h IV, ed. P. Wilpert, Hamburg 1959
De venatione sapientiae, Opera omnia h XII, edd. R. Klibansky – J. G. Senger, Hamburg 1982
De visione dei, Opera omnia h VI, ed. A. D. Riemann, Hamburg (voraussichtlich 1997)
Directio speculantis seu De non aliud, Opera omnia h XIII, edd. L. Baur † – P. Wilpert, Leipzig 1944
Idiota de sapientia, de mente, de staticis experimentis, Opera omnia h V, edd. L. Baur – R. Steiger – R. Klibansky – C. Bormann – J. G. Senger, Hamburg 1983
Der Laie über Versuche mit der Waage, übers. von H. Menzel-Rogner, ²Leipzig 1944
Sermones, Opera p II, Paris 1514, fol. 7ʳ–190ʳ
Predigten 1430–1441, dt. von J. Sikora – E. Bohnenstädt; Schriften des Nikolaus von Cues in deutscher Übersetzung, Heidelberg 1952. (Die Predigten werden gezählt nach J. Koch, Untersuchungen über Datierung, Form, Sprache und Quellen. Kritisches Verzeichnis sämtlicher Predigten. CT I 7, Heidelberg 1942.) Seit 1970 entsteht die Sermones-Edition von Rudolf Haubst, Nicolai de Cusa opera omnia XVI–XIX
Cusanus-Texte IV. Briefwechsel des Nikolaus von Kues, Erste Sammlung, hrsg. von J. Koch. Sitzungsberichte der Heidelberger Akademie der Wissenschaften, Philosophisch-historische Klasse, Jahrgang 1942/43, 2. Abhandlung, Heidelberg 1944. – CT III 1, 1941 (L. Baur, Marginalien)

2. Vorcusanische Literatur

Adelard von Bath: De eodem et diverso; ed. H. Willner, BGPhMa IV 1, Münster 1903
Albertus Magnus: Metaphysica; Alberti Magni opera omnia XVI 1,2; ed. B. Geyer, Münster 1960 u. 1964
In octo libros Politicorum; Alberti Magni opera omnia VIII, ed. A. Borgnet, Paris 1891
Summa de creaturis, Pars secunda (De homine); Alberti Magni opera omnia XXXV, ed. A. Borgnet, Paris 1896
Alexander Halensis: Summa theologica; edd. PP. Collegii S. Bonaventurae, Ad Claras Aquas (Quaracchi) 1924–1948

ALPHARABI: De ortu scientiarum; ed. Cl. Baeumker, BGPhMa XIX 3; Münster 1916

ARISTOTELES: Opera ex rec. I. Bekkeri, Berlin 1831–1870, Nachdruck Berlin 1960–1961. Neuere kritische Einzelausgaben Oxford, Berlin

Categoriae — De interpretatione

De anima — De memoria et reminiscentia

De arte poetica — De sensu et sensato

Physica — Historia animalium — Politica

Metaphysik; übers. von H. Bonitz. Aus dem Nachlaß hrsg. von E. Wellmann, Berlin 1890 (mehrmals mit Änderungen neu aufgelegt)

Nikomachische Ethik; übers. von F. Dirlmeier; Aristoteles, Werke in deutscher Übersetzung, hrsg. von E. Grumach, Band 6, Berlin 1959 (mehrmals nachgedruckt)

AUGUSTINUS: Confessiones; ed. P. Knöll, CSEL XXXIII, Wien 1896

De doctrina christiana; ed. G. M. Green, CSEL LXXX, Wien 1963

De fide et symbolo; ed. J. Zycha, CSEL XXXXI, Wien 1900

De Genesi ad litteram; ed. J. Zycha, CSEL XXVIII 1, Wien 1894

De Genesi contra Manichaeos; PL 34

De musica; PL 32

De trinitate; CCSL L und LA, ed. W. J. Mountain, Turnhout 1968

Ennarrationes in Psalmos; edd. E. Dekkers – J. Fraipont, CCSL XXXVIII–XL, Turnhout 1956

Sermones; PL 38–39

AVICENNA: Opera philosophica; Venedig 1508; photomech. Nachdruck Louvain 1961

De anima; ed. S. van Riet, Louvain–Leiden 1968–72

Metaphysica; ed. S. van Riet, Louvain–Leiden 1977

BOETHIUS: De institutione arithmetica; ed. G. Friedlein, Leipzig 1867; photomech. Nachdruck Frankfurt 1966

De musica; a.a.O.

BONAVENTURA: OPERA OMNIA I–X; edd. PP. Collegii S. Bonaventurae, Ad Claras Aquas (Quaracchi) 1882–1902

De reductione artium ad theologiam; Opera omnia V, 1891

Itinerarium mentis in deum; Opera omnia V, 1891

CICERO: De legibus, ed. K. Ziegler, Heidelberg 1950

Tusculanae disputationes; rec. M. Pohlenz (1918), Stuttgart 1982

CLARENBALDUS VON ARRAS: Tractatus super librum Boethii De trinitate; LaW, S. 63–186

DOMINICUS GUNDISSALINUS: De divisione philosophiae; ed. L. Baur, BGPhMa IV 2,3, Münster 1903

DURANDUS DE ST. PORCIANO: In Petri Lombardi Sententias Theologicas Commentariorum libri IIII; 2 Bde, Venedig 1571; photomech. Nachdruck Ridgewood/New Jersey 1964

ECKHART: Collatio in libros Sententiarum; ed. J. Koch; LW V, Stuttgart 1936
Expositio libri Exodi; ed. K. Weiß, LW II, Stuttgart 1954–1957
Expositio libri Genesis; ed. K. Weiß, LW I, Stuttgart 1964
Expositio sancti evangelii secundum Iohannem; hrsg. u. übers. v. K. Christ und J. Koch, LW III, Stuttgart 1936ff.
Quaestiones Parisienses; ed. J. Koch, LW V (noch nicht erschienen)
Sermones; edd. E. Benz, B. Decker und J. Koch, LW IV, Stuttgart 1956
Predigten; ed. J. Quint, DW I, Stuttgart 1936–1951
Meister Eckhart, Predigten, Traktate; hrsg. von F. Pfeiffer, Leipzig 1857; Neudruck Aalen 1962
HIERONYMUS: Liber interpretationis Hebraicorum nominum; ed. P. de Lagarde, CCSL LXXII, Turnhout 1959, S. 57–161
HONORIUS AUGUSTODUNENSIS: De cognitione verae vitae; PL 40
HUGO VON ST. VICTOR: Didascalicon; ed. C. H. Buttimer, Washington 1939
ISIDOR VON SPANIEN: Etymologiarum sive originum libri XX; rec. W. M. Lindsay, Oxford 1911
JOHANNES DUNS SCOTUS: Tractatus de primo principio; ed. W. Kluxen, Darmstadt 1974
JOHANNES GERSON: De duplici logica; Jean Gerson, Oeuvres complètes, ed. P. Glorieux, Bd. 3, Paris 1958
JOHANNES VON SALISBURY: De septem septenis; PL 199
JOHANNES SCOTTUS ERIUGENA: De divisione naturae; PL 122
Periphyseon (De divisione naturae), libri I–III; ed. I. P. Sheldon-Williams, Dublin 1968–1981
LIBER DE CAUSIS: ed. A. Pattin; Tijdschrift voor Filosofie 28,1 (1966) S. 90–203; Separatausgabe Louvain 1966
MACROBIUS: Commentarii in somnium Scipionis; ed. J. Willis, Leipzig 1963
MARTIANUS CAPELLA: De nuptiis Philologiae et Mercurii; ed. J. Willis, Leipzig 1983
PLATO: Opera; rec. I. Burnet, Oxford 1900–1907 (mehrmals nachgedruckt)
Philebos; Bd. 2
Politeia; Bd. 4
Timaios; Bd. 4
PLOTIN: Enneades; Opera, edd. P. Henry – H. R. Schwyzer, Paris – Brüssel – Leiden 1951–1973
Plotins Schriften; ed. R. Harder, fortgeführt von R. Beutler und W. Theiler, Philos. Bibl. 211–215, Hamburg 1956–1971
PORPHYRIUS: Isagoge et in Aristotelis Categorias commentarium; ed. A. Busse, Berlin 1887
PRISCIANUS: Institutiones grammaticae; ed. M. Hertz; Grammatici

Latini, hrsg. v. H. Keil, Bd. 2, Leipzig 1855; photom. Nachdruck Hildesheim 1961
PSEUDO-BEDA: De mundi coelestis terrestrisque constitutione liber; PL 90
PSEUDO-DIONYSIUS: De divinis nominibus; ed. B. R. Suchla, Berlin 1990
RAYMUNDUS LULLUS: Opera in codicibus Cusanis 81–88
ROBERTUS GROSSETESTE: De veritate; ed. L. Baur, BGPhMa IX, Münster 1912, 130–143
SENECA: Quaestiones naturales; ed. P. Oltramare, Paris 1930
Epistulae morales; rec. L. D. Reynolds, Oxford 1965 (mehrmals nachgedruckt)
THIERRY VON CHARTRES: Commentum super Boethium De Trinitate (Librum hunc); ed. N. M. Haring, AHDLMA XXXV (1960) 80–134
Glossa super librum Boethii De Trinitate (Anonymus Berolinensis); ed. N. M. Haring, AHDLMA XXXI (1956) 266–325
Lectiones in Boethii librum De Trinitate (Quae sit auctoris intentio); ed. N. M. Haring, AHDLMA XXXIII (1958) 124–226
Tractatus (De septem diebus); ed. N. M. Haring, AHDLMA XXX (1955) 184–200 (alles auch Toronto 1971)
THOMAS VON AQUIN: Sententia in librum De anima; Leonina XL 1, Rom 1985
Sententia in librum Peri hermeneias; Leonina I, Rom 1882, ²1989
Quaestiones disputatae de potentia; ed. P. M. Pession, Turin ²1965
De regno (De regimine principum) ad regem Cypri, Leonina XLII, Rom 1979
Expositio super librum Boethii De trinitate; rec. B. Decker, Leiden ²1965
Scriptum super libros Sententiarum; edd. P. Mandonnet – F. Moos, Paris 1929, 1947–56
Summa contra gentiles; Leonina XIII–XV, Rom 1918–1930
Summa theologiae; Leonina IV–XII, Rom 1888–1906
VERGIL: P. Vergili Maronis opera; rec. R. A. B. Mynors, Oxford 1969 (mehrmals nachgedruckt)
WITELO: De perspectiva; ed. Cl. Baeumker, BGPhMa III 2, Münster 1908, 127–179

3. *Zitierte Forschungsliteratur*

BONITZ, H., Index Aristotelicus; Aristotelis opera ex rec. I. Bekkeri, Berlin 1831–1870; Bd. V, Berlin 1870; photomech. Nachdruck Berlin 1961

BORMANN, K., Zur Frage nach der Seinserkenntnis in dem wahrscheinlich letzten philosophisch-theologischen Werk des Nikolaus von Kues, dem „Compendium", Archiv für Geschichte der Philosophie 50 (1968) 181–188

BREDOW, G. VON, Der Gedanke der singularitas in der Altersphilosophie des Nikolaus von Kues, MFCG 4 (1964) 375–383

Der Sinn der Formel „meliori modo quo", MFCG 6 (1967) 21–26

DURAND, D. B., The Vienna-Klosterneuburg Map. Corpus of the Fifteenth Century, Leiden 1952

FABRICIUS, J. A., Bibliotheca Latina mediae et infimae aetatis, Florenz 1858; photomech. Nachdruck Graz 1962

HAUBST, R., Die Bedeutung des Trinitätsgedankens bei Nikolaus von Kues, Trierer Theologische Zeitschrift 61 (1952) n. 1, 21–29

Das Bild des Einen und Dreieinen Gottes in der Welt nach Nikolaus von Kues, Trierer Theologische Studien Bd. 4, Trier 1952

Die Christologie des Nikolaus von Kues, Freiburg 1956

HOFFMANN, E., Das Universum des Nikolaus von Cues, CST I: S. 41–45 Textbeilage. Von R. Klibansky; Sitzungsberichte der Heidelberger Akademie der Wissenschaften, Phil.-Hist Kl., Jg. 1929/30, 3. Abh., Heidelberg 1930

KOCH, J., Die Ars coniecturalis des Nikolaus von Kues, Arbeitsgemeinschaft für Forschung des Landes Nordrhein-Westfalen, Heft 16, Köln–Opladen 1956

Von der Bildung der Antike zur Wissenschaft des Mittelalters, Die Höhere Sehule 5 (1962) 98f.

Über die Lichtsymbolik im Bereich der Philosophie und der Mystik des Mittelalters, Studium Generale Jg. 13, H. 11 (1960) 653–670

KÖNIG, E., Konrad Peutinger und die sogenannte Karte des Nikolaus von Cues, Festschrift der Görresgesellschaft für G. von Hertling 1913, S. 337–341

MEUTHEN, E., Peter von Erkelenz, Zeitschrift des Aachener Geschichtsvereins 84/85 (1977/78) 701–744

MUCKLE, J. T., Isaac Israeli's Definition of Truth, AHDLMA 8 (1933) 5–8

PLATZECK, E.-W., Studia et Editiones Cusanae, Antonianum 42 (1967) 293–304

RUGE, S., Ein Jubiläum der deutschen Kartographie, Globus 60 (1891) 4–8

SCHARPFF, FR. A., Der Cardinal und Bischof Nicolaus von Cusa als Reformator in Kirche, Reich und Philosophie des 15. Jahrhunderts, Tübingen 1871; unveränderter Nachdruck Frankfurt 1966

SCHNARR, H., Modi essendi (Buchreihe der Cusanus-Gesellschaft V), Münster Westf. 1973

Uebinger, J., Die Gotteslehre des Nikolaus Cusanus, Münster, Paderborn 1888

Die philosophischen Schriften des Nikolaus Cusanus, Zeitschrift für Philosophie und philosophische Kritik N. F. 103/105/107 (1894–1895)

Wilpert, P., Das Problem der coincidentia oppositorum in der Philosophie des Nikolaus von Cues; Humanismus, Mystik und Kunst in der Welt des Mittelalters, hrsg. von J. Koch (Studien und Texte zur Geistesgeschichte des Mittelalters 3 [1953] 39–55)

REGISTER

VON NIKOLAUS ZITIERTE NAMEN

Die Zählung bezieht sich auf die Paragraphen und Zeilen des lateinischen Textes.

Adam *6*, 12. 14. 17
Christus *45*, 3
Compendium *1*, 3; *44*, 3
De ludo globi *37*, 12
Musae *21*, 9
Philippus (apostolus) *45*, 2
Plato *11*, 19

REGISTER DER BIBELZITATE

Die Zahlen hinter den Bibelstellen beziehen sich auf die Anmerkungen, und zwar die Zahl hinter dem Komma auf die Anmerkung und die Zahl vor dem Komma auf das entsprechende Kapitel, zu dem die Anmerkung gehört.

AT: Genesis 2, 19–20: *3*, 4; 11, 1: *3*, 3
Ps.4,7: *10*, 27
Ps. 32 (33), 6: *7*, 6
Sapientia 8, 7: *6*, 5

NT: Actus apostolorum 2, 4–11: *3*, 5
Johannes 1, 1 ff.: *7*, 5; 1, 3: *7*, 7; 1, 5: *8*, 11; 14, 8: Epilog 2
I Korinther 13, 13: *2*, 6
Lukas 6, 31: *10*, 29
Matthäus 7, 12: *10*, 29
Römer 1, 20: *8*, 5
I Timotheus 6, 16: *1*, 12; *8*, 8

REGISTER DER ZITIERTEN HANDSCHRIFTEN

Aus Einleitung und Anmerkungen

Eisleben, Turmbibliothek, Cod. 960: Einleitung
Kues, Bibliothek des Hospitals, Codd. Cus. 81–88: Einleitung; Anm. *7*, 4
Cod. Cus. 178: Einleitung
Cod. Cus. 211: Anm. *13*, 16
Cod. Cus. 219: Einleitung
Magdeburg, Domgymnasium, Cod. 166: Einleitung

REGISTER DER VERWEISE AUF DIE WERKE DES NIKOLAUS

Die Zahlen beziehen sich auf die nach Kapiteln geordneten Anmerkungen des Quellenapparates.

Apologia doctae ignorantiae: Epilog 15. 16
Cribratio Alkorani: Epilog 20
De aequalitate: *6*, 19; *7*, 8. 16; *10*, 15. 20. 23. 28. 29. 34. 35. 36; *12*, 1. 3; Schluß 1
De apice theoriae: *1*, 4. 10; *7*, 16; *8*, 6; *10*, 4. 5. 9. 10. 11. 13. 25. 33; Schluß 1. 2; Epilog 3. 4. 8. 11. 14. 20
De beryllo: *1*, 4; *6*, 14. 18; *10*, 19; *11*, 1; Schluß 1; Epilog 20
De concordantia catholica: *13*, 13
De coniecturis: *1*, 4. 5. 7; *4*, 9; *6*, 9; *7*, 17; *9*, 1. 5; *11*,1; *12*, 3; *13*, 4. 7. 9. 14; Schluß 1; Epilog 21
De dato patris luminum: *2*, 1; *4*, 12; *6*, 3; *10*, 19
De deo abscondito: *4*, 10
De docta ignorantia: *1*, 1. 4. 7. 9; *2*, 3; *4*, 5; *5*, 10; *6*, 3. 9; *7*, 1. 11. 12. 16; *8*, 4. 5. 9. 12; *9*, 5; *10*, 2. 8. 9. 12. 13. 16. 17. 18. 20. 29; *11*, 3; *13*, 15. 16; Schluß 2; Epilog 6. 7. 14. 15
De filiatione dei: *3*, 1; *7*, 6. 16; *8*, 6. 12; *9*, 9
De genesi: *4*, 5; *7*, 18; *9*, 2; *10*, 19
De ludo globi: *1*, 4; *2*, 3. 5; *6*, 3. 4. 9. 14. 18. 19; *7*, 13. 16; *8*, 5; *9*, 3. 5. 8; *10*, 7. 11. 16. 30; *11*, 3; *12*, 1. 2; *13*, 7. 14; Schluß 1
De non aliud: *8*, 4. 9; Epilog 1
De pace fidei: *2*, 1; *8*, 6
De possest: *3*, 5; *7*, 7; *10*, 4; Schluß 1; Epilog 3. 8. 9. 14
De principio: *1*, 4; *6*, 19; *10*, 4. 16
De quaerendo deum: *1*, 11, *4*, 10; *6*, 8; *7*, 9; *13*, 7. 11. 14. 15; Schluß 1
De venatione sapientiae: *1*, 1. 2. 4. 7. 13; *3*. 1, 2; *4*, 5; *7*, 8. 13; *8*, 9; *9*, 3; *10*, 1. 30. 35; *11*, 1. 3; *13*, 14. 15; Schluß 1. 2; Epilog 21
De visione dei: *7*, 7; *13*, 7
Directio speculantis seu De non aliud: vgl. De non aliud
Epistula ad Nicolaum Albergati: *8*, 6; Epilog 20. 21
Fragment, kosmologisches (Cod. Cus. 211 fol. 55v): *13*, 16
Idiota de mente: *1*, 1; *6*, 3. 4. 9; *7*, 17; *8*, 5. 6; *9*, 8; *13*, 3. 4. 14; Schluß 1
Idiota de sapientia: *8*, 4. 6
Idiota de staticis experimentis: *9*, 8; *13*, 16
Sermo XVI: *7*, 16; Epilog 20
Sermo XVIII: *10*, 29; Epilog 15
Sermo CCXIII: *2*, 5; *6*, 10; *9*, 5

REGISTER DER IM QUELLENAPPARAT ZITIERTEN AUTOREN

Die Nummern beziehen sich auf die Anmerkungen zu den einzelnen Kapiteln.

Adelard von Bath *9*, 8
Albertus Magnus *2*, 1; *6*, 2; *10*, 18
Alexander von Hales *10*, 35
Alpharabi *2*, 6
Ambrosius *6*, 5
Aristoteles *1*, 3. 8. 11; *2*, 2. 7. 9; *3*, 7; *4*, 1. 2. 3. 4. 6. 7. 8. 10; *5*, 1. 5; *6*, 1. 3. 6. 8; *7*, 1. 2. 3. 10. 14. 15; *9*, 1. 5. 6. 9; *11*, 3; *13*, 5. 6. 9. 10. 11; Epilog 13. 22
Augustinus *2*, 4. 9. 10; *3*, 3. 6. 8; *6*, 9; *7*, 12. 16; *8*, 1. 12; *10*, 8; *13*, 6. 7. 13
Averroes *10*, 35
Avicenna *6*, 2. 8. 17; *8*, 2; *10*, 35
Baur, L. *10*, 35; Epilog 21
Boethius *9*, 8; *13*, 14; Epilog 14. 15
Bonaventura *2*, 5; *6*, 6. 10. 11; *8*, 1. 5. 7
Bonitz, H. *1*, 8; *2*, 7; *6*, 3; *9*, 1. 6; *11*, 3
Bormann, K. *9*, 4
Bredow, G. von *2*, 1
Cicero *6*, 5; *8*, 1
Clarenbaldus von Arras *8*, 12
Decker, B. *5*, 6
Dirlmeier, F. *7*, 2
Dominicus Gundissalinus *2*, 5; *7*, 18
Dupré, D. und W. *6*, 14
Durand, D. B. *8*, 3
Durandus de St. Porciano *6*, 9
Eckhart *4*, 6. 10; *6*, 6; *7*, 16. 19; *8*, 2. 12; *9*, 2; *10*, 16. 21; *11*, 3; *13*, 6. 11; Epilog 2. 14
Feigl, M. *10*, 4
Gabriel, L. *6*, 14
Gregor der Große *6*, 5
Gregor von Nazianz *1*, 13
Haring, N. M. *8*, 12
Haubst, R. Schluß 2
Hieronymus *3*, 2
Hoffmann, E. *13*, 16
Honorius Augustodunensis *4*, 9
Hugo von St. Victor *2*, 5
Isaak Israeli *10*, 35
Isidor von Spanien 7, 18; *9*, 2
Johannes Duns Scotus *10*, 18
Johannes (Evangelist) 7, 5
Johannes Gerson *10*, 35
Johannes von Salisbury 7, 1
Johannes Scottus Eriugena *8*, 1
Klibansky, R. *13*, 16
Koch, J. *1*, 4. 13; *2*, 1. 5; *5*, 4; *6*, 9. 10; *10*, 12. 32; Epilog 6
König, E. *8*, 3
Lagarde, P. de *3*, 2
Liber de causis *10*, 16; *11*, 3; Epilog 21
Lullus s. Raymundus Lullus
Macrobius *9*, 8; Epilog 14
Martianus Capella *9*, 2
Menzel, H. *13*, 16
Meuthen, E. *8*, 3
Muckle, J. T. *10*, 35
Peutinger, Konrad *8*, 3
Pfeiffer, Fr. 7, 19
Plato *1*, 13; *6*, 5; *9*, 2; *10*, 32; *11*, 1
Platzeck, E.-W. *4*, 12
Plotin *8*, 12
Porphyrius *6*, 4
Priscianus *9*, 2
Ps.-Beda *8*, 12
Ps.-Dionysius *1*, 13; *10*, 32; *11*, 1
Raymundus Lullus 7, 4
Robertus Grosseteste *10*, 35
Ruge, S. *8*, 3

Schule von Chartres *10*, 8
Seneca *6*, 1; *9*, 5; Epilog 21
Thierry von Chartres *7*, 12; *8*, 12; Epilog 13
Thomas von Aquin *1*, 3. 6; *2*, 2. 5. 10; *3*, 5. 7. 8; *4*, 8. 9; *5*, 2. 5. 6; *6*, 2. 5. 6. 8. 10. 17; *8*, 2; *9*, 1; *10*, 18. 35; *11*, 3; *13*, 6; Epilog 21. 22
Uebinger, J. Schluß 2
Vergil *6*, 1
Wilpert, P. *1*, 1. 4; *5*, 10; *13*, 16; Epilog 6. 14
Witelo *13*, 4

VERZEICHNIS WICHTIGER BEGRIFFE

Die Zählung bezieht sich auf den lateinischen Text. Die Zahlen vor dem Komma bezeichnen die am Rande des Textes angegebenen Paragraphen, die Zahlen hinter dem Komma deren Zeilen. Bei der Zeilenzählung sind die Kapitelüberschriften mitgezählt. Die beigegebenen deutschen Bedeutungen wurden auf die Wiedergabe der wichtigsten Grundbedeutungen beschränkt, inhaltsverwandte Begriffe oft gruppenweise zusammengefaßt.

adaequatio Angleichung 34,18f.
— *rei ad intellectum* Angleichung des Dinges an die Vernunft 34,19f.
in adaequatione consistere in Angleichung bestehen 34,18
Adam 6,12.14.17
advertere beachten, gewahr werden, wahrnehmen 11,2; 20,7; 23,12; 24,2
aequalis (-e) gleich, das Gleiche 29,6f.; 30,1f.; 37,5.7.15
aequale (dico) quod eiusdem naturae das Gleiche (nenne ich) das, was von derselben Natur ist 29,7
aequalior (aequalissimus) gleicher (in höchstem Grade gleich) 30,12; 37,10
aequaliter in gleicher Weise 19,27; 30,5.7.13; 37,6
aequalitas Gleichheit 19,26; 27,2; 28,16; 29,4; 30,2.4.6f.9.11; 31,1.3-5.8.10; 32,2.4.7.9.11f.; 33,2f.6f.; 34,2-4.8.14.17f.21f.; 37,2.5f.13.16; 38,1.4.6; 45,5.15
— *praecisa* genaue Gleichheit 29,4
— *rationis* in der Vernunft angelegte Gleichheit 27,2
aequatio rei et intellectus Gleichung des Dinges und der Vernunft 34,20
aestimatio Vorstellungskraft 16,14
anima Seele 35,2; 36,1.3; 39,3.7.12; 40,4.8; 41,1; 42,2f.5
— *rationalis* mit Verstand begabte Seele 42,5
— *sensitiva* sinnenhafte Seele 35,2; 36,1.3; 39,7.12; 40,8; 41,1
animal Sinnenwesen 3,11.13; 4,1.7; 7,14; 8,14; 10,9; 16,7.12; 17,2; 18,10; 20,9; 23,12.16; 42,7
— *brutum* unvernünftiges Sinnenwesen, vernunftloses Sinnenwesen 17,1f.; 18,10; 20,9; 23,12
— *perfectum* vollkommenes Sinnenwesen 3,11; 10,9; 16,7; 22,2
animalitas Sinnenwesenhaftigkeit 43,2
apparentia Erscheinen 34,10
— *lucis* Erscheinen des Lichts 34,10
apparere erscheinen 24,9; 33,9; 40,12; 44,5
apparitio Erscheinung 33,9.12f.; 34,14
— *prima* erste Erscheinung 33,13
— *singularis* Einzelerscheinung 33,9
— *viva et intelligens* lebendige und vernunfthaft erkennende Erscheinung 33,11f.

ars Kunst 4,9; 5,12; 6,19; 7,1.10f.13.15.17.19; 14,8; 17,12; 18,2.5. 9.15; 19,4.15; 24,14; 25,12.14; 26,4.6.8f.; 27,3.8f.12.14f.; 28,2.6
— *communis* allgemeine Kunst 27,2f.
— *dicendi* Sprechkunst, Kunst des Sprechens 6,7.9.19; 25,14
— *generalis* allgemeine Kunst 19,12
— *memorandi* Gedächtniskunst 18,9
— *naturalior faciliorque* die so naturgemäße und so leichte Kunst 6,19
— *naturam imitans* die Natur nachahmende Kunst 27,15
— *perspectiva* Kunst der Perspektive 18,5
— *prima* erste Kunst 6,9; 7,11.13
— — *humana dicendi* erste menschliche Sprechkunst 6,9
— *rhetorica* Redekunst 26,5
— *scribendi* Kunst des Schreibens 7,1.19
— *secunda* zweite Kunst 7,11
una ars scribendi die eine Schreibkunst 14,8
artes liberales die freien Künste 4,9; 18,1f.
— *mechanicae* die handwerklichen Künste 4,9; 18,1f.
auditus Hören, Gehör, Gehörsinn 3,15; 5,4; 7,13; 17,7; 19,36.42; 22,7.18; 32,13

causa Ursache, Grund, Wesensgrund 23,7; 24,18; 27,13; 45,13; 47,6f.
— *causarum* Grund der Gründe 47,6
— *finalis* Zweckgrund 47,6f.
— *propter quid* Wesensgrund 27,13
causae rerum Gründe der Dinge 47,7
certitudo Gewißheit 43,10
chaos Chaos 19,48
Christus 45,3
cognitio Erkenntnis 2,2f.12.15; 3,6; 4,7.11.14; 13,11; 16,3; 20,14; 32,3.5; 33,13
— *imaginativa* vorstellende Erkenntnis 32,3
— *intellectiva* vernunfthafte Erkenntnis 32,4
— *sensitiva* sinnliche Erkenntnis 32,3
— *signorum visibilium* Erkenntnis sichtbarer Zeichen 16,3
cognitivus (-a, -um) erkennend 32,1.6.8; 40,7
cognoscere (-i) erkennen, erkannt werden 2,7-9; 3,9f.12; 4,2; 12,2.11; 13,7.14; 14,13f.; 15,3; 21,2; 29,17f.; 32,5; 34,2; 35,18; 40,6; 41,7
cognoscibilis erkennbar 1,9; 11,18
cognoscibile per se durch sich erkennbar 11,18
— *per accidens* durch ein Zufallendes erkennbar 11,18f.
combinatio Zusammenstellung, Kombination, Zusammenstellen 18,13; 19,4; 25,7.13
compendium Kompendium, Abriß 1,1.3; 44,3
complicare einfalten 28,9; 29,19; 30,13

comprehendere begreifen 19,5; 24,8
comprehensibilis faßbar 24,5
conceptio Begreifen 19,20; 20,13
conceptus Gedanke, Begriff 6,5; 21,1
concipere denken, begreifen, erfassen 2,11; 19,16.20; 20,13; 28,8
concipiens der Begreifende 19,20
conditor Schöpfer 23,5.15.17
— *mundi* Schöpfer der Welt 23,5
— *omnium* Schöpfer von allem 23,17
connotatio Merkmal 10,3.12
— *materialis* materielles Merkmal 10,12
considerare erwägen, betrachten 8,2; 18,1; 19,43; 22,3; 37,2; 42,1
consideratio Betrachtung, Beobachtung 1,3; 2,14; 26,1; 27,1.12; 29,1; 39,2; 43,9
contemplari schauen, betrachten 23,11; 47,10
contemplator Beschauer 24,17
cosmographus Kosmograph 22,3.10; 23,8.10
creare schaffen, erschaffen 6,3; 8,11; 19,22; 31,1f.
creans Erschaffender 19,21; 43,7
creatus perfecte vollkommen erschaffen 6,2
creatio das Erschaffen 19,22
creativus schöpferisch 23,15
creator Schöpfer 7,10; 21,7; 23,10
— *mundi* Schöpfer der Welt 23,10
creatura *Schöpfung, Geschöpf* 21,3.7.10.12

definitio Definition 25,9; 28,8
— *rei* Definition eines Sachverhalts 25,9
designare bezeichnen, aufzeichnen 3,5; 5,1.3.5-7.10; 7.2.5; 9,2; 22,12; 25,5; 26,10
designatio Bezeichnung, Gesamtaufnahme 8,18; 9,1; 23,2; 25,9
— *rei* Bezeichnung eines Sachverhalts 25,9
diaphanum das Durchsichtige 2,10; 39,9; 40,17; 41,1-3.6
differentia Unterschied 17,3
dissimilis (-e) unähnlich, Unähnliches 14,17; 31,4
dissimilitudo Unähnlichkeit 14,17; 31,5
distinctio Unterscheidung 28,13
distinctus (-a, -um) unterschiedlich 15,3
distincte in Unterschiedenheit 15,3
distinguere unterscheiden 28,15
(pass.) verschieden sein 19,8
diversitas Verschiedenheit 15,9f.
— *rerum* Verschiedenheit der Dinge 15,10
— *specierum notionalium* Verschiedenheit der Erkenntnisbilder 15,9f.

esse sein, vorhanden sein, Sein 1,7.9.15; 2,6; 3,10; 10,13; 29, 10-13.15.17f.; 30,1; 31,6; 32,9; 34,11.16; 46,15; 47,8
— *aut cognosci posse* sein oder erkannt werden können 29,18
— *bene* Wohlbefinden 4,7; 6,8; 8,14; 16,6f.
— *bonum* Wohlbefinden 8,16
— *hoc et non aliud* dieses und nichts anderes sein 45,14
— *in se* in sich sein 1,7; 45,7
— *in signis* in den Zeichen sein 45,7
— *non posse* nicht sein können 46,15
— *perfectum* vollkommenes Sein 3,10
— *posse* sein können 46,3.10.16
ante esse et non esse vor dem Sein und dem Nichtsein 29,11f. 15
id esse quod sunt das sein, was sie sind 19,28
ipsum quod esse potest das sein, was es sein kann 47,2
non esse Nichtsein, nicht sein 29,12f.
non esse posse nicht sein können 29,17; 30,1
non esse non posse nicht nicht sein können 29,13
omne id quod omnis numerus est et esse aut explicare potest alles das, was jede Zahl ist und sein oder ausfalten kann 46,6f.
omne quod esse potest alles, was sein kann 45,8f.
omnia quae esse possunt alle Dinge, die sein können 45,9
omnia quae sunt alles, was ist 24,5f.
posse esse omnia alles sein können 46,13
quodlibet est vel non est jedwedes ist oder ist nicht 36,7f.
sine quo nihil esse potest ohne das nichts sein kann 46,14
explicare ausfalten 30,14; 46,7
explicatio Ausfaltung 28,9
exsistere sein, bestehen 20,4; 21,7; 39,16

facere gestalten, bewirken, machen, können, bilden, schaffen, fertigstellen, entwerfen, stellen, das Machen 7,12; 16,13; 18,15.17; 19,24-26; 21,1; 22,22; 23,2.14; 26,1f.; 28,9; 29,13-15; 31,1.3-6, 35,8.12
— *et fieri* das Machen und Werden 29,13.15
— *non posse* nicht machen können 29,14
— *scire* Wissen bewirken 28,8f.
— *veriorem* wahrer gestalten 22,22
faciens der Bewirkende 19,23; 27,5
factio das Bewirken 19,23
fieri geschehen, erfolgen, werden, entstehen, das Werden 3,7; 4,14; 8,21; 11,5.7; 19,18.31-33.42.48; 20,5; 21,7; 24,12; 29,13-16; 32,3; 35,11.14
— *non posse* nicht werden können 29,14
nihil fit sine ratione nichts geschieht ohne Grund 35,6f.
posse fieri das Werdenkönnen 19,48

quod tibi vis fieri, alteri fac was du willst, das man dir tu, das tu auch dem anderen 34,2f.
finis Ziel 21,9.12; 24,18; 35,8
forma Form 10,13; 14,2.5; 19,46; 20,3; 24,6.12; 31,5; 35,4
— *dissimilitudinis et inaequalis* Form der Unähnlichkeit und des Ungleichen 31,5
— *essendi* Form des Seins 24,6; 33,8
— *essendi et cognoscendi omnium rerum* Seins- und Erkenntnisform aller Dinge 33,8
— *formans* formende Form 14,2; 35,5
— *informans* einformende Form 14,2f.; 35,4
— *intelligibilis* geistig erkennbare Form 19,46
— *sensibilis* sinnenfällige Form 19,46
— *simplex rei, quae dat esse* die einfache Form eines Dinges, die das Sein verleiht 10,13
formalis formhaft 9,12; 10,12; 23,20
magis formalis mehr formhaft 9,12
penitus formalis gänzlich formhaft 10,12
formare formen 14,2; 15,1.4; 19,16.22f.47; 20,8.10; 35,5f.12; 42,4
formatio das Formen 19,22
formator Formgeber, Former 20,4.8.10; 21,1

gustus Schmecken, Geschmackssinn 3,16; 8,13; 18,6; 19,37f.; 22,9

habitudo Verhältnis 23,9; 27,4
habitus Anlage 8,4
homo Mensch 1,5; 4,8.11f.; 6,12-14.19f.; 7,12; 10,11; 16,15.22; 17,1.6.15; 18,2f.11.18f.; 19,2; 20,6.8; 22,3.16; 24,13; 25,13; 26,1; 34,1; 42,2.6
— *cosmographus* Kosmograph 22,3
— *doctus* belehrter Mensch 18,11.19
— *indoctus* unbelehrter Mensch 18,11.19
— *perfectus* vollkommener Mensch 6,20
— *ut homo* der Mensch als Mensch 18,11
humanus (-a, -um) menschlich 6,11; 7,2; 33,10.12
hyle Hyle 19,47; 20,2

illuminare erleuchten 42,5
illuminatio Erleuchtung 43,1
imaginabilis vorstellbar 33,2
imaginari sich vorstellen 9,7; 10,3.8
imaginatio Vorstellungskraft, Vorstellung 1,10; 9,10f.; 10,1.7; 12,1; 16,13; 33,1; 38,7
— *coloris* Farbvorstellung 10,1
— *seu phantastica* Vorstellungskraft oder Phantasie 9,11
imaginativus (-a, -um) vorstellend 32,4
imago Bild, Abbild 23,11; 34,8; 35,3; 40.10
imitari nachahmen 26,5; 27,9.15

— *naturam* die Natur nachahmen 26,5; 27,15
immateriare einstoffen 24,11
incorporare einkörpern 24,10
inspeculare einspiegeln 24,10
intellectivus (-a, -um) vernunfthaft 32,4
intellectualis geistig erkennbar, geistig 10,15; 18,17f.; 23,16; 24,7
intellectus Vernunft 1,10; 7,8-10.12.19; 16,20; 18,15.20; 22,2; 24,14; 32,8.10; 33,4; 34,17.20; 35,2.7; 36,3f.; 38,8
— *exercitatus* geschulte Vernunft 18,15f.20
— *reformatus* gebildete Vernunft 18,20
intellectu vigentes die, die im vollen Besitz der Vernunft sind 32,8f.
intelligentia Vernunftkraft 35,5.11f.14-18; 36,1; 40,10
intelligere einsehen, verstehen, erkannt werden 4,4; 6,13; 19,5; 23,6; 34,16f.; 36,5.7.9.11
intelligens vernunfthaft erkennend 33,11
intelligibilis (-e, -lia) geistig erkennbar, das geistig Erkennbare, Vernunftkraft 9,13; 19,14.44-46; 23,19; 33,6; 34,7; 36,5.9f.

libellus De globo Büchlein über die Kugel 37,12
lingua Sprache 6,10-13.16.18; 11,7
— *prima* Ursprache 6,12
littera Buchstabe 15,6f.; 18,12; 25,4
— *alphabeti* Buchstabe des Alphabets 18,12
locutio das Sprechen 19,19
— *loquentis* das Sprechen des Sprechenden 19,19
loquela Sprache 22,18
lucere leuchten 24,8; 42,6.8; 43,3
lucidus (-a, -um) leuchtend 8,4
lumen Licht 33,14
— *vultus dei super nos signatum* das Licht des Antlitzes Gottes, das über uns gezeichnet ist 33,14
lux Licht 2,6.9-14; 8,5f.; 18,4; 19,25; 22,6.16; 24,1.7; 34,6f.9f.12.14.16; 42,4.7.9; 43,2
— *aeterna* das ewige Licht 24,1
— *intelligibilis* geistiges Licht 34,7.14
— *quae se et omnia visibilia facit* das Licht, das sich und alles andere sichtbar macht 19,25f.
— *sensibilis* sinnenfälliges Licht 34,6 f.

manifestare kundtun, darstellen 20,11; 24,15
manifestatio Sichkundtun 21,10
mappa Karte 23,2.9.14
materia Materie, Stoff 9,12; 19,48; 24,13; 43,8
materialis materiell 10,12
materialia sensibilia das sinnenfällige Materielle 9,8f.
memoria Gedächtnis 7,18; 9,3; 18,8
mens Geist 1,5; 17,15; 20,9-14; 21,1.5.10; 23,11; 26,7; 28,4.8.11; 30,10; 33,10.12; 45,6f.16; 46,4.12; 47,3f.

mens formator verbi der Geist, der das Wort formt 20,10
— *humana* menschlicher Geist 33,10.12
— *sana* gesunder Geist 1,5
minus plusque capere ein Mehr und Weniger zulassen 38,3
modus Weise, Fähigkeit 1,8f.12f.15; 2,5.15; 3,3f.13; 14,6f.; 19,31; 24,4; 25,15; 37,8; 39,6.13
— *cognoscendi* Erkenntnisweise, Weise des Erkennens 1,12; 3,3
— *comprehensibilis* faßbare Weise 24,4f.
— *contrarius* nach der Weise des Gegensatzes 25,15
— *essendi* Seinsweise, Weise des Seins 1,9.13.15; 2,5.15; 3,4; 14,6; 24,4
— *incomprehensibilis essendi* unfaßbare Weise des Seins 24,3f.
meliori modo quo fieri potest auf möglichst vollkommene Weise 3,5
motus Bewegung 17,5; 19,6-8; 27,10f.
— *naturae* Bewegung der Natur 19,8
— *naturalis* natürliche Bewegung 19,7
— *violentus* gewaltsame Bewegung 19,7-9
— *vitalis* lebendige Bewegung 27,10
sine motu nihil fieri ohne Bewegung geschieht nichts 19,7
movere (-i) bewegen, sich in Bewegung befinden 3,13; 10,4; 37,12; 40,8
multitudo Vielheit 12,11; 14,12-14.16
— *determinata* bestimmte Vielheit 14,13
— *indeterminata* unbestimmte Vielheit 14,12
Musae Musen 21,9
mutatio Veränderung 46,13

natura Natur 4,12; 6,3; 7,7.10f.16; 8,14; 16,11.16f.; 19,8; 20,2f. 5.7; 25,8f.13; 26,5.7.9; 27,1.8-10.13.15; 29,7; 35,8.11; 39,17
— *aeris* Natur der Luft 20,5.7
rationalis — vernunfthafte Natur 16,17
quod eiusdem naturae was von derselben Natur ist 29,7
naturalis natürlich, naturgemäß 6,19; 13,2; 14,1; 19,7
naturalia Naturdinge 19,6
naturaliter von Natur aus, naturgemäß 5,1f.5; 7,14; 8,9; 32,5.8; 33,11; 34,1; 35,10; 45,19
nota Merkmal, Kennzeichen, Ton, Einzelton 11,12; 15,3; 17,8; 21,11; 27,4f.
notae concordantes wohlklingende Töne 27,5
— *distinctae* unterschiedliche Kennzeichen 15,3
notare aufzeichnen, kennzeichnen 13,7; 22,11; 23,6
notitia Kenntnis, Erkenntnis 3,2.7; 4,8; 5,13f.; 8,16f.23; 10,10; 12,9; 15,2.4f.10; 19,41; 29,2
— *diversitatis rerum* Kenntnis der Verschiedenheit der Dinge 15,10

— *opportuna* nützliche Kenntnis 10,10f.
— *principii* Ursprungserkenntnis 29,2
— *sensitiva* Kenntnis der Sinne 19,41
numerus Zahl 14,9.15; 15,7; 16,8; 17,5; 38,1; 46,3.5.7-10
— *determinatus* bestimmte Zahl 14,9.15
— *sensuum* Zahl der Sinne 16,8
— *specierum et signorum* Zahl der Erkenntnisbilder und Zeichen 16,8f.
magnus determinatus — große bestimmte Zahl 14,15
magnus aut parvus, par aut impar — große oder kleine, gleiche oder ungleiche Zahl 46,10
parvus — kleine Zahl 14,15

obiectum Gegenstand 5,3; 8,2.19-22; 32,1.3.5.7; 35,5.10.13.15f.18; 36,2.4; 39,9.17; 41,5f.; 45,2.6; 46,3.12; 47,1.3
— *in signo sensibili* Gegenstand im sinnenfälligen Zeichen 47,3f.
— *sensibile* sinnenfälliger Gegenstand 8,19; 39,17
— *visus mentis* Gegenstand der geistigen Schau 46,3.12; 47,3
— *visus sensus* Gegenstand des sinnlichen Sehens 47,1
unum obiectum visus mentis et visus sensus der eine Gegenstand des geistigen und des sinnlichen Sehens 45,6
odoratus Riechen, Geruchssinn 3,16; 8,12; 19,37; 22,8
ostendere offenbaren, zeigen 21,3.5; 31,2; 32,2; 45,4
se ostendere sich zeigen, sich offenbaren 24,13; 30,3; 31,2
ostensio Offenbarung 20,11.13.15; 21,4.11; 44,5
— *geniti verbi* Offenbarung des gezeugten Wortes 21,4f.
— *interni verbi* Offenbarung des inneren Wortes 21,11
— *mentis* Offenbarung des Geistes 20,11-13
unius mentis varia — mannigfache Offenbarung des einen Geistes 20,12f.
— *verbi* Offenbarung des Wortes 20,15

pater Vater 2,10f.; 45,4f.
patrem verbi ac aequalitatis posse supra nominamus den Vater des Wortes und der Gleichheit nennen wir oben (vgl. n. 19 und 21) das Können 45,5
perceptio Erfassen 8,9
percipere wahrnehmen, erfassen 4,6; 7,5; 8,12; 20,6
perfectio Vollendung, Vollkommenheit 4,3; 5,15; 6,3; 11,14; 43,1
— *signorum* Vollendung der Zeichen 11,14
perfectus (-a, -um) vollkommen, das Vollkommene 3,10f.; 6,20; 9,13; 10,9; 11,10.16; 25.10
minus perfectus weniger vollkommen 9,13
perfecte (perfectior, -ius, -issimus) vollkommen (vollkommener, vollkommenster) 6,2; 9,13; 11,16; 23,17
peritia Kenntnis 6,18
phantasma Vorstellungsbild 9,7
Philippus 45,2

Plato 11,19
posse können, möglich sein, vermögen, das Können 1,7; 2,8; 3,5.10; 4,14; 5,16; 6,6; 8,20.22; 9,4; 10,3.7; 11,10.16; 12,7f.; 13,2; 14,5.13; 16,18; 19,3.17f.33.42; 23,14; 24,4; 25,11f.; 28,7; 29,5f.8-19; 30,2-7.11.13; 32,1.3; 37,10.13; 38,9; 43,9; 44,3; 45,5.8; 47,6
— *ante esse et non esse* das Können vor dem Sein und Nichtsein 29,15
— *ante facere et fieri* das Können vor dem Machen und Werden 29,15
— *fieri* Werdenkönnen 19,48
— *praecedit facere et fieri* das Können geht dem Machen und Werden voraus 29,13
— *quo nihil potentius* das Können, im Vergleich zu dem es nichts Mächtigeres gibt 45,11f.; 46,12; vgl. 29,6: *posse dico, quo nihil potentius*
ipso posse nihil prius esse potest im Vergleich zum Können kann es nichts Früheres geben 29,8f.
ipsum posse das Können selbst 29,8.17.19; 30,1.4; 45,8; 47,5
ipsum posse esse das Können-Sein selbst 45,13f.
ipsum posse, quo nihil potentius das Können selbst, im Vergleich zu dem es nichts Mächtigeres gibt 45,8; 47,5
nullum ... omnium, quae hoc ipsum posse non sunt, sine ipso nec esse potest nec cognosci nichts ... von allem, das dieses Können selbst nicht ist, kann ohne es sein oder erkannt werden 29,16f.
omne posse esse Alles-Können-Sein 45,12
sine ipso posse posse ohne jenes Können können 46,16f.
possibilis möglich 15,12
possibilitas Möglichkeit 19,48
potentia Vermögen, Macht 8,4; 29,3; 30,4.8; 32,1.5f.8; 46,1
— *cognitiva* Erkenntnisvermögen 32,1.6.8; 40,9
— *qua nihil potentius* die Macht, im Vergleich zu der es nichts Mächtigeres gibt 46,1
supremum potentiae Höchstmaß an Macht 30,4
potentius mächtiger, Mächtigeres 29,3.6.10; 30,9; 45,8.12.17.19; 46,1f.11f.; 47,5
potentissimus (-a, -um) im höchsten Grade mächtig 30,3.12
praecisus (u. Komp. u. Superl.) genau, genauer, auf das genaueste 19,10.15; 28,7; 29,3
quanto praecisius potes so genau wie nur möglich 28,7
principium Prinzip, Ursprung 19,9; 20,3f.; 24,18; 29,2.8.11; 30,12; 31,7; 35,7; 36,6; 44,4
— *omnipotens* allmächtiger Ursprung 29,11
— *primum* erster Ursprung 39,2; 44,4
unicum principium potentissimum, aequalissimum et unissimum ein einziger Ursprung, der im höchsten Grade mächtig, gleich und eins ist 30,11f.

proportio Verhältnis 38,7
proportionabiliter mensuratus in den entsprechenden Größenverhältnissen 23,3
proportionabiliter magnus et parvus in bestimmten Verhältnissen groß und klein 27,6f.

qualificatus (-a, -um) qualitativ bestimmt 39,4
qualitas Beschaffenheit, Qualität 10,2; 12,4.6.8; 13,4.9; 33,2.5; 39,5
quantitas Quantität 12,3-7.9; 13,2.4-7.9f.13; 33,2.5
generalis quantitas allgemeine Quantität 13,6f.10
singularis quantitas einzelne Quantität 13,2.10.13
quantus (-a, -um) quantitativ 10,4; 12,8; 13,6
singulariter quanta das einzelne Quantitative 13,6

ratio Verstand, Vernunft 16,22; 17,6; 27,2; 35,7
— *artis naturam imitantis* das Wesen der die Natur nachahmenden Kunst 27,15
recipere empfangen, zulassen 11,15.17.19; 12,2; 14,3.10; 16,13; 31,8
— *magis aut minus* ein Mehr oder Weniger zulassen 11,15.17.19; 12,2; 14,3.10; 31,8
repraesentare darstellen 10,13
repraesentativum s. unter simile
res Ding, Sachverhalt 1,9.14; 2,12; 3,2.9f.; 5,1.5; 7,5; 8,3.5.15-17.23; 9,2.4.11; 10,13f.; 11,11; 12,8.11; 13,8f.11; 15,2.4.9f.; 19,9; 25,9; 26,2f.8; 33,8f.; 45,10.13.17; 46,3; 47,1.7
— *corporalis* körperliches Ding 8,3.5
— *intellectualis* geistig erkennbares Ding 10,14f.
— *quanta* quantitatives Ding 12,8
— *sensibilis* sinnenfälliges Ding 10,14f.; 47,1
— *singularis* Einzelding 13,9; 33,9f.
res omnes, cum non sint nisi quod esse possunt da alle Dinge nur das sind, was sie sein können 45,10f.

sapor Schmeckbares, Geschmack, das im Schmecken Schmeckbare 8,13; 22,8
scibilia das Wißbare 19,12
scientia Wissen, Kenntnis 1,15; 4,9; 6,4f.8; 18,2; 19,29; 26,1
moralis — sittliche Erkenntnis 4,9; 18,2
prima — erste Erkenntnis, erste Wissenschaft 6,7; 7,4.9 *(die ars dicendi)*
prima et magis necessaria ad bene essendum — erste und für das Wohlbefinden notwendigste Kenntnis 6,7
secunda — zweite Wissenschaft 7,6 *(die ars scribendi)*
scire wissen 4,12; 19,29f.; 28,8; 43,3
scribere schreiben 7,1; 19,17.21

scribens der Schreibende, Schriftsteller 19,21; 28,11
in scriptis schriftlich 28,2
scriptio das Schreiben 19,21
scriptor Schreiber 14,8
scriptura Schrift 18,9
scripturae Schriftzeichen, Texte 5,4; 28,12.14
sensatio Wahrnehmung 8,10
sensibilis (-e, -lia) sinnenfällig, das Sinnenfällige 2,11; 3,8; 5,1; 7,13.20; 8,2.19; 9,8f.13; 10,6.15; 11,2; 12,6; 16,6.15; 17,11; 19,24.44-46; 22,11; 23,18f.; 36,9-11; 37,2; 47,1.4
sensitivus (-a, -um) sinnlich 19,41
— *cognitio* sinnliche Erkenntnis 32,3; vgl. spiritus
notitia — Kenntnis der Sinne 19,41
sensus Sinn, Sinnesvermögen, Sinneswahrnehmung, Erkenntnisbild 1,10; 3,15; 5,2.8; 8,3.9.11.19; 9,5f.; 10,10; 12,1.4; 16,8.13; 17,2.4.9f.12; 19,33.39f.; 22,2.4; 24,16; 38,7; 39,4.11; 45,6f.; 47,1
— *auditus* Gehörsinn 8,11
— *visus* Gesichtssinn 8,9; 17,2
communis — Gemeinsinn 17,9
sentire sinnlich wahrnehmen, wahrnehmen 10,3; 11,9; 19,38; 34,10.13; 35,18; 36,1.4.11; 39,5.9.15.17; 40,3.5.17; 41,2f.6; 42,7; 44,2
— *quoddam pati est* Wahrnehmen ist ein gewisses Erleiden 39,18f.
signatus (-a, -um) bezeichnet, der Bezeichnete 8,23; 14,1; 23,11; 28,6
significare bezeichnen 1,13
significatum Bedeutung 28,4
signum Zeichen 1,14; 2,8f.; 3,2-4.7f.; 4,14-5,2.6.10.12.14; 6,4; 7,6.13-15.17.20; 8,2.20f.; 9,1.4f.8.11; 10,9-11.14; 11,2.4-7.10. 12.14f.18.20; 12,2-5.7.9; 13,2.5f.11.14; 14,1; 15,1; 16,3.9.16; 18,18; 21,3f.; 23,11.15.17.19f.; 26,2.6.8; 32,12; 33,12; 34,11. 15; 45,7; 47,4
— *confusum* undeutliches Lautzeichen 7,15
— *intellectuale* geistiges Zeichen 23,16; 24,7
— *intellectuale primum et perfectissimum est omnium conditoris, sensibile vero ultimum* das geistige Zeichen ist das erste und vollkommenste Zeichen des Schöpfers von allem, das sinnenfällige aber das letzte 23,16f.
— *naturae* Zeichen der Natur 26,6f.
— *primum et propinquium conditoris* das erste und nächste Zeichen des Schöpfers 23,14f.
— *rerum* Zeichen der Dinge 26,8
— *singulare* Einzelzeichen 13,2f.
— *visibile* sichtbares Zeichen 7,6; 11,20; 16,3
signa intelligibilia simpliciaque atque formalia geistige, einfache und formhafte Zeichen 23,19f.

— *naturalia* natürliche Zeichen 5,5; 14,1
— *phantastica* Vorstellungszeichen 10,9; vgl. auch imaginatio
— *sensibilia* sinnenfällige Zeichen 7,13.20; 8,2; 9,8; 11,2; 16,15f.; 23,18f.; 47,4
— *signorum* Zeichen der Zeichen 9,5; 10,10
— *visibilia vocabulorum* sichtbare Wortzeichen 7,6
similis ähnlich 23,13
simile das Ähnliche 29,6.8; 31,6
— *(dico), quod est principii sui repraesentativum* das Ähnliche (nenne ich) das, was Darstellung seines Ursprunges ist 29,8
similitudo Ähnlichkeit 1,14; 2,11; 14,17; 27,14; 31,7; 32,2.6f.9-11; 33,3f.; 34,8; 35,3-5.10.12-18; 36,1f.4; 40,13; 41,4; 42,1
— *omnis est aequalitas species seu signum* jede Ähnlichkeit ist Erkenntnisbild oder Zeichen der Gleichheit 32,11
— *nuda* unverhüllte Ähnlichkeit 33,3
— *propinquior* nähere Ähnlichkeit 33,3
— *seu species* Ähnlichkeit oder Erkenntnisbild 32,10
— *varia* verschiedene Ähnlichkeit 33,8
singularis (-e) einzeln, einzigartig, Einzelnes 1,6; 13,2f.9f.13; 14,1.11; 15,4; 31,9; 33,9f.
— *res* Einzelding 13,9; 33,9f.
singularitas Einzelsein, Einzigartigkeit 11,16; 31,10
sonus Laut, Ton, Klang 7,13; 8,10; 11,4.6; 17,7.9; 20,2.4.6; 22,7; 25,4; 26,7-9; 32,13; 39,10
— *articulatus* artikulierter Laut 11,6
— *sensibilis* sinnenfälliger Ton 20,1f.
species Bild, Art, Erkenntnisbild 1,14; 4,1-3; 8,20; 13,2.5.11-13; 14,1f.12.14-19; 15,1.3.9-11; 16,6.9.12.16f.20; 17,1.3.6f.9.11.16; 18,17f.; 19,3.6.10-13.15f.30; 27,14; 29,2; 32,10-13; 33,1.3-6; 36,2; 39,5.9-11.19; 40,1.4f.12.16; 42,3
— *artis* Erkenntnisbild der Kunst 19,15
— *coloris* Erkenntnisbild der Farbe 17,2f.; 32,12
— *concordantiae* Erkenntnisbild der Harmonie 14,18
— *discordantiae* Erkenntnisbild der Disharmonie 14,19
— *dissimilitudinis* Erkenntnisbild der Unähnlichkeit 14,17
— *multitudinis indeterminatae* Erkenntnisbild einer unbestimmten Vielheit 14,12
— *naturalis* natürliches (Erkenntnis)Bild 13,2f.; 18,17
— *notionalis* Erkenntnisbild 15,1.9f.
— *qualitatis* Erkenntnisbild der Qualität 33,1f.4f.
— *quantitatis* Erkenntnisbild der Quantität 33,1f.4f.
— *seu signum aequalitatis* Erkenntnisbild oder Zeichen der Gleichheit 32,11
— *similitudinis* Erkenntnisbild der Ähnlichkeit 14,16f.; 27,14
— *simplex et pura intelligibilis* einfaches, reines, vernunfthaftes Erkenntnisbild 33,5f.
— *soni* Erkenntnisbild des Tones 32,13

species una das eine Erkenntnisbild 19,12
— *unica* das einzige Erkenntnisbild 19,13
— *cognatae* verwandte Erkenntnisbilder 17,16
— *differentes* verschiedene Erkenntnisbilder 16,20
— *differentium sonorum* Erkenntnisbilder der verschiedenen Töne 17,7
— *indeterminatae* unbestimmte Erkenntnisbilder 14,11f.
— *insensibilis virtutis* Erkenntnisbilder der nicht sinnenfälligen Tugend 17,16f.
— *intellectuales et artificiales* Erkenntnisbilder der Vernunft und der Kunst 18,17f.
— *novem* neun Erkenntnisbilder 17,9; 19,11
— *novem principiorum* neun Erkenntnisbilder der Prinzipien 19,11f.
— *per sensus receptae* durch die Sinne empfangene Erkenntnisbilder 16,12f.
— *sensibiles* sinnenfällige Erkenntnisbilder 17,11; 39,14
— *variarum artium* Erkenntnisbilder der verschiedenen Künste 17,11f.
spiritualis (-e, -ior, -ius) geistig 26,19; 40,16; 41,2
spiritus Geist 16,20; 39,13-15; 40,2.15; 42,2.4.6
— *discretionis* Geist der Unterscheidung 42,6
— *formans* formender Geist 40,2
— *sensitivus* sinnenhafter Geist 39,15f.
splendor Abglanz, Glanz 2,13; 8,6f.; 33,10; 34,2f.; 40,12f.16; 41,2.5.8
— *splendoris* Abglanz des Glanzes 41,2
subiectum Zugrundeliegendes 19,48
substantia Substanz 13,4

tactus Tasten, Tastsinn 3,16; 8,12; 19,39; 22,10
tangibilia das Tastbare 8,12; 22.10
tempus Zeit 11,8; 17,5

unio Einigung 30,8f.11; 45,15
— *potentissima* die in höchstem Maße mächtige Einigung 30,8
— *summa* höchste Einigung 45,15
unire einen 29,5; 30,13
unitus (-a, -um) geeint 30,8
maxime unitus im höchsten Grade geeint 46,1
unissimus im höchsten Grade eins 30,12
unitas Einheit 38,2; 45,2; 46,2.4.6.11
— *ipsa* die Einheit selbst 46,6
— *obiecti* Einheit des Gegenstandes 45,2
— *omnipotens* allmächtige Einheit 46,4
— *qua nihil potentius* Einheit, im Vergleich zu der es nichts Mächtigeres gibt 46,2

universalia Universalien 16,21
quinque — die fünf Universalien 16,21
unum Eines, das Eine 1,6; 29,6f.; 45,15
— *(dico) ab ipsis procedens* das Eine (nenne ich) das, was aus ihnen (dem Können und dem Gleichen) hervorgeht 29,7

vapor das Riechbare 8,11
verbum Wort 11,4.8; 19,14.17.19-24.29.32; 20,8-12.14-16; 21,2f. 5f.8f.11; 28,3.5; 45,3.5
— *a mente genitum* das vom Geist gezeugte Wort 20,14
— *dei* Wort Gottes 45,3
— *genitum* das gezeugte Wort 21,2.5
— *increatum* das unerschaffene Wort 21,3
— *internum* das innere Wort 21,11
— *sensibile se et omnia sensibilia facit* das Wort macht sich sinnenfällig und alles andere ebenso 19,24
— *sine quo nihil factum est aut fieri potest* das Wort, ohne das nichts geworden ist noch werden kann 19,17f.
— *vocale* das stimmliche Wort 19,32; 20,8.15; 21,6.8f.
veritas Wahrheit 23,11; 34,19.21f.
verus (-a, -um) wahr 1,5; 22,22; 23,9; 34,15; 40,17
videre schauen, sehen, einsehen; (-i) geschaut werden, scheinen 1,16; 2,2.6; 5,7; 6,7f.; 11,20; 15,11; 18,4.12; 19,8.34; 23,13; 24,2.4; 30,10; 32,9.13; 33,7; 34,9.13; 35,2-4.13; 40,11.13; 41,7. 9f.; 46,6; 47,6
virtus Tugend, Kraft 4,10; 9,2; 17,17; 26,4; 30,8; 34,4; 39,18; 40,6; 43,7; 46,1.11
— *insensibilis* nicht sinnenfällige Tugend 17,16f.
— *maxime unita* im höchsten Grade geeinte Kraft 46,1
— *qua nihil potentius* die Kraft, im Vergleich zu der es nichts Mächtigeres gibt 46,11
— *unita* geeinte Kraft 30,8; 46,1
— *vivificativa* lebensspendende Kraft 40,9
phantastica — Vorstellungskraft 9,4-6
interior phantastica — innere Vorstellungskraft 9,1f.
nihil enim est in phantastica, quod prius non fuit in sensu denn in der Vorstellungskraft findet sich nichts, was nicht vorher in der Sinneswahrnehmung war 9,5f.
virtutes theologicae göttliche Tugenden 4,10
— *quattuor cardinales* die vier Kardinaltugenden 13,21f.
vis Kraft 16,12; 17,11; 18,18; 23,15
— *creativa* schöpferische Kraft 23,15
— *intellectualis* Kraft der Vernunft 18,18
— *phantastica* Vorstellungskraft 16,12
— *ratiocinativa* Verstandeskraft 17,11
visibilis (-e) sehbar, sichtbar 2,4; 7,6; 11,20; 16,3; 19,25; 22,14; 24,15; 39,10; 43,5
visio Sehen, Anschauung 35,14; 41,7.9; 45,20

visus Sehen, Gesichtssinn, Sehvermögen 2,7.9.14; 3,15; 5,4; 7,20; 8,7.9; 9,9; 16,3; 17,1f.7; 18,5f.; 19,34; 22,7.13; 24,2; 32,10-12; 45,6f.16f.; 46,4.12; 47,1.3.5.10
— *deficiens* schwachwerdender Gesichtssinn 18,4f.
— *mentalis* geistige Schau 2,1; 24,2
— *mentis* geistiges Sehen, Schau des Geistes 2,5.13; 34,6.13; 45,6f.16; 46,4.12; 47,3
— *sensibilis* sinnliches Sehen 2,6; 34,5.10; 47,5
— *sensus* sinnliches Sehen 2,14; 45,6f.
acutioris — schärfer zu sehen vermögen 47,10
vita Leben 34,4; 38,5; 39,5.15
— *intellectualis* vernunfthaftes Leben 34,4
— *sensitiva* sinnenhaftes Leben 39,5
vivere leben 3,11; 4,2; 39,5.9; 45,20
vivus (-a, -um) lebendig 33,11; 40,3.17
viventia Lebewesen 16,5
vivificare beleben 39,8.16; 40,4; 41,1
vivificativus (-a, -um) belebend 40,7
vocabulum Wort, Name 5,3; 6,15f.; 7,2.5f.; 9,2; 15,6.9; 26,2.4; 28,5.7.9.11
vocabula imponere Namen geben 6,15
vocalis stimmlich 19,32; 20,8.15; 21,6.8f.
vox Stimme, Laut, Ausdruck 4,4; 5,8; 11,4.6f.; 14,18-20; 22,7; 25,14
voces concordantes harmonierende Stimmen 14,18
— *discordantes* disharmonierende Stimmen 14,18f.